KB268825

상하이 부부의
알콩
달콩 중국어

http://www.bookmoon.co.kr

상하이 부부의 알콩달콩 중국어

초판 1쇄 인쇄   2016년 7월 21일
초판 1쇄 발행   2016년 7월 28일

지은이 김석경 · 짱 신
발행인 서덕일
펴낸곳 문예림
주소 경기도 파주시 회동길 366 (10881)
전화 (02)499-1281~2
팩스 (02)499-1283
E-mail info@bookmoon.co.kr

출판등록 1962.7.12 (제406-1962-1호)
ISBN 978-89-7482-873-8 (13720)

상하이 부부의

알콩달콩 중국어

따라 읽기만 하면 저절로 말이 나오는

완전 쉬운 중국어

김석경·짱 신 지음

문예림

2000년대에 들어서면서 중국이 서서히 기지개를 켜기 시작하더니, 엄청난 인력과 자원과 자금을 갖고 지속적으로 성장했고, 최근에는 세계 경제의 중심에 우뚝 섰습니다. 전 세계가 중국을 주목하면서, 중국어에 대한 관심 또한 전 세계에서 커지고 있습니다.

그러나 한자문화권이 아닌 나라에서는 한자와 성조를 익히기가 어려워 많은 사람들이 중국어를 익히는 데 크고 작은 어려움을 겪고 있습니다. 반면 한자문화권인 우리나라에서는 우리가 쓰는 한자어와 중국어가 발음이나 뜻이 비슷한 단어가 많기 때문에 중국어가 비교적 친숙합니다. 그래서 한국인은 중국어를 공부하면 할수록 이해가 빨리 되고 재미도 붙습니다. 게다가 중국과 한국은 이웃나라이다 보니 여행하고, 생활하면서 아주 용이하게 서로의 언어를 배울 수 있습니다.

이 책에는 저와 짱 신 선생님이 상하이에서 만나 함께 공부하고, 연애하고, 결혼하면서 겪었던 실제 상황을 바탕으로 한 현장감 있는 표현이 담겨 있습니다. 여행, 유학, 사업 등 일상생활에 필요한 필수 회화를 중국의 생활 문화와 실생활 정보와

함께 익힐 수 있도록 구성했습니다. 더불어 난이도 역시 HSK 3급 이하로 한정함으로써 중국어를 처음 배우는 학습자가 어렵게 느끼지 않도록 배려했습니다.

한국은 중국의 성장과 이익을 함께 나누는 이웃국가이기에, 중국어는 한국인에게 앞으로 영어 이상으로 필수적인 언어가 될 것입니다. 평소 중국에 관심이 많아 중국어를 배워보고 싶었거나 중국으로 유학을 가려고 생각 중이라면, 이 책 한 권으로 중국에서 생활하고 유학하는 데 전혀 문제가 없을 만큼 충분히 실력을 쌓을 수 있을 것이라 자신합니다.

김석경

생활 회화

꼭 필요한 표현들을 상하이 부부의
생생한 대화로 연습할 수 있어요.
병음을 확인하며 발음해보고 단어도
외워두면 중국어의 기본기를 확실히
다질 수 있어요.

부부 생생 TIP

'중국어 한마디'를 중심으로
중국의 전통과 현대를 잇는 문화를 엿볼 수
있어요. 상하이 부부를 중국의 견공
차우차우와 시추로 표현한 재미있는
일러스트도 함께 즐기세요.

유용한 표현

상하이 부부의 대화로 배운 표현을
문법과 응용 단어로
심화 학습할 수 있어요.

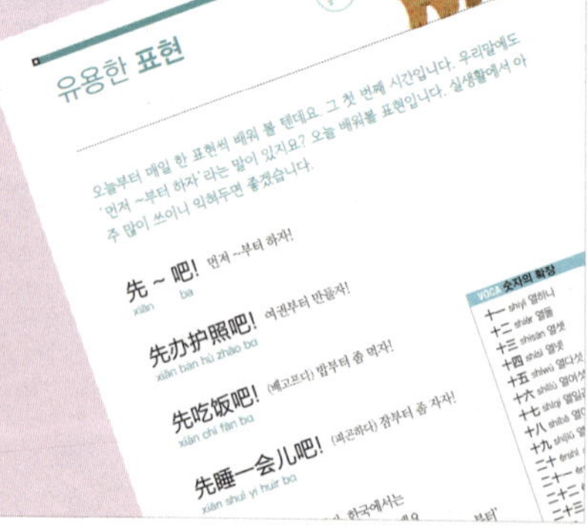

초보자의 눈높이에 딱 맞는 난이도로 꼭 필요한 내용들을 골라 구성하였습니다.
가장 기본적인 발음부터 회화, 문법까지 중국어의 기본기를 확실히 다질 수 있습니다.

중국이 궁금해요

여행, 유학, 사업 등으로 중국에
가게 되었을 때 현지에서 도움이 될 수
있는 팁을 담았어요. 실생활에서 겪을 수
있는 생활 관습 차이로 인한 시행착오를
예방할 수 있어요.

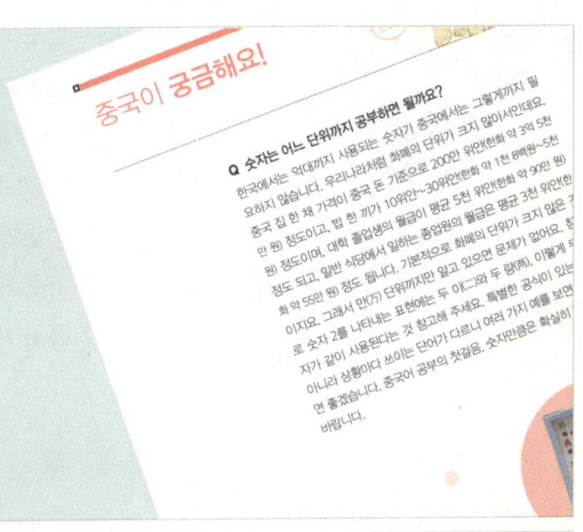

이 단어만 알면 나도 회화한다

중국인들이 자주 쓰는 활용도 100%
필수 단어 100개를 엄선했어요.
따라 써보고 꼭 외워두세요.

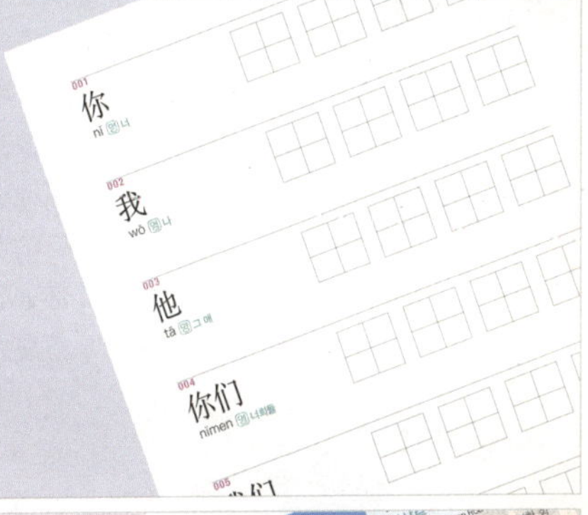

상하이, 여기는 꼭 가봐야 해

중국에 가면 문화와 산업의 중심지
상하이를 꼭 방문해 보세요.
상하이에서도 여기 소개한 열 군데는
빠트리지 말고 가보세요.

차 례

01 중국어와 사성 中文的四声

중국어를 처음 들었을 때 시끄럽기도 하고, 톤이 높은 것 같기도 하고, 기가 센 것 같기도 한 이유가 우리와는 다르게 언어에 높낮이가 있기 때문입니다. 그도 그럴 것이, 노래의 멜로디처럼 오르락내리락 하는 것이 중국어입니다. 총 네 개의 성조(소리의 높이)를 기본으로 하고, 경성까지 더해, 다섯 개의 성조로 보기도 합니다. 이 성조를 얼마나 정확하게 발음하느냐가 중국어를 잘하는 데 관건이 되므로, 마음에 여유를 가지고 장기간 연습하는 것이 중요합니다. 성조를 잘못 발음하면 알아듣지 못하는 경우가 생기며, 보통 학습자가 성조를 제대로 발음하기까지 2년 정도의 시간이 걸립니다. 단시간에 빨리 잘하겠다는 생각보다 마음의 여유를 가지고 반복적으로 익히다 보면 어느새 중국어를 유창하게 말하는 자신을 볼 수 있을 것입니다.

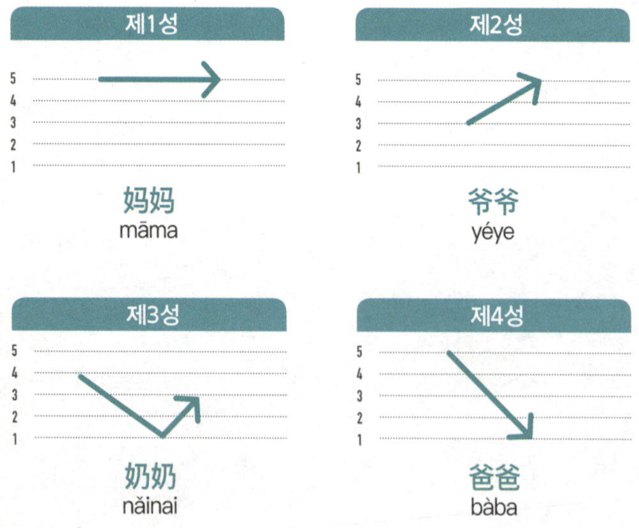

02 성조의 변화 声调的变化

성조는 어떠한 글자를 만나느냐에 따라, 본래 음으로 읽지 않고 변
하기도 합니다.

❶ 3성이 연이어 있을 경우, 앞의 3성은, 2성으로 발음합니다.

你好 nǐhǎo　很好 hěnhǎo　老板 lǎobǎn

❷ 3성이 2성과 만날 때 3성의 성조를 '반 삼성'으로 발음합니다.

饮食 yǐnshí　语言 yǔyán　美国 měiguó

'반 삼성'이란, 3성의 앞부분 즉, 내려가는 부분(ㄴ)만 발음하는 것입니다.

❸ '不'는 4성 앞에서 2성으로 읽습니다.

不是 búshì　不对 búduì　不要 búyào

이렇듯 연속된 두 글자를 읽을 때 성조가 변하는 것을 '변조(变调)'라
고 합니다.

03 성조 붙이는 법 声调的添加法

❶ 성조는 기본적으로 운모 위에 표기합니다.

吃 chī　喝 hē　玩 wán　乐 lè

❷ i 위에 성조를 표기할 때에는, i 위의 점을 빼고 표기합니다.

一 yī　移动 yídòng　可以 kěyǐ　亿 yì

04 음절의 3 요소 音节的三要素

好 hǎo

음절은 첫 글자인 성모(h)와 첫 글자를 제외한 나머지 부분인 운모(ao)로 구성되어 있습니다. 때로는 성모가 첫 글자만이 아니라, 두 번째 글자까지 포함되는 경우도 있으니, 표를 보고 참고하시기 바랍니다. 음절은 이렇게 첫머리에 오는 성모(h)와, 성모 부분을 제외한 나머지 부분인 운모(ao)가 결합되어 하나의 개체를 이루고, 윗부분에 성조(∨)까지 표기를 해주면, 완벽한 음절이 되는 것 입니다. 음절의 3요소인 성모와 운모, 그리고 성조를 반드시 기억하시기 바랍니다.

05 성모와 운모 声母和韵母

❶ 성모 (총 21개)

b, p, m	**쌍순음**	두 입술 사이에서 나는 소리
f	**순치음**	윗니와 아랫입술 사이에 나는 소리
d, t, n, l	**설첨음**	혀끝에서 나는 소리
g, k, h	**설근음**	혀의 맨 안쪽 뿌리에서 나는 소리
j, q, x	**설면음**	혀의 한가운데 전면에서 나는 소리
zh, ch, sh, r	**권설음**	혀를 말은 소리
z, c, s	**설치음**	혀와 잇소리

bo	po	mo	
뽀어	포어	모어	

fo			
포어			

de	te	ne	le
드어	트어	느어	르어

ge	ke	he	
그어	크어	흐어	

ji	qi	xi	
지	치	씨	

zhi	chi	shi	ri
쯔	츠	스	르

zi	ci	si	
즈	츠	쓰	

❷ 운모 (총 36개)

a	a 아	ai 아이	ao 아오	an 안	ang 앙
o	o 오어	ou 어우	ong 오옹		
e	e 으어	ei 에이	en 으언	eng 으엉	er 알
i	i 이	ia 이야	ie 이에	iao 이아오	iu 이우
	ian 이엔	in 인	iang 이양	ing 잉	iong 이옹
u	u 우	ua 우와	uo 우어	uai 우와이	ui 우이
	uan 우완	uen 우언	uang 왕	ueng 우엉	
ü	ü 유	üe 유에	ün 윤	üan 유엔	

▶ ü 발음은 '유 + 위'로 소리 나지만, '유'에 조금 더 가깝습니다.

- **단운모** 하나의 모음으로 구성된 운모 (6개)

a	o	e	i	u	ü
아	오	으어	이	우	유

- **복운모** 둘 이상의 모음으로 구성된 운모 (13개)

ai	ei	ao	ou	ia	ie	ua
아이	에이	아오	어우	이야	이에	우아

uo	üe	iao	iu	uai	ui
우어	유에	이아오	이우	우아이	우이

- **비음운모**

모음에 [n]과 [ng]이 와서 코 울리는 소리가 나는 운모 (16개)

an	en	in	un	ian	uan
안	언	인	운	이엔	우안

üan	ün	ang	eng	ing	ong
유엔	윤	앙	엉	잉	옹

iong	iang	uang	ueng
이옹	이앙	왕	웡

- **권설운모** 혀를 말아서 발음하는 운모 (1개)

er
알

06 중국어의 기본 어순 中文的基本语顺

중국어는 영어와 어순이 같습니다. 주어 + 술어 + 목적어 순입니다.

일반 문장	부정형 문장
我 吃 饭 wǒ chī fàn 나는 / 먹어요 / 밥을	我 不 吃 饭 wǒ bùchī fàn 나는 / 안 먹어요 / 밥을
我 喝 咖啡 wǒ hē kāfēi 나는 / 마셔요 / 커피를	我 不 喝 咖啡 wǒ bùhē kāfēi 나는 / 안 마셔요 / 커피를
我 买 东西 wǒ mǎi dōngxi 나는 / 사요 / 물건을	我 不 买 东西 wǒ bùmǎi dōngxi 나는 / 안 사요 / 물건을

07 중국어 표현 첫걸음 迈出中文的第一步

❶ 숫자와 응용

언어를 배울 때, 숫자는 가장 기본입니다. 1부터 10까지는 매우 자주 쓰이기 때문에, 병음과 같이 연습해야 합니다.

一	二	三	四	五	六	七	八	九	十
yī	èr	sān	sì	wǔ	liù	qī	bā	jiǔ	shí
하나	둘	셋	넷	다섯	여섯	일곱	여덟	아홉	열

숫자를 배웠으니 이 숫자를 가지고 기본적인 연습을 해 봅시다. 먼저 한 개, 두 개, 세 개 이렇게 세는 양사를 중국에서는 个(ge)라고 합니다. 약자를 쓰기 때문에 획이 매우 적다는 장점이 있습니다. 중국어를 공부할 때에 약자와 번체자를 같이 공부한다면 이해하는 데 도움이 될 것입니다. 2를 나타내는 표현이 二(èr) 과 两(liǎng) 두 가지가 있다는 것에 유의합시다. 참고로 0은, 零(líng)이라고 합니다.

<table>
<tr><td>一个</td><td>两个</td><td>三个</td><td>四个</td><td>五个</td><td>六个</td><td>七个</td><td>八个</td><td>九个</td><td>十个</td></tr>
<tr><td>yí ge</td><td>liǎng ge</td><td>sān ge</td><td>sì ge</td><td>wǔ ge</td><td>liù ge</td><td>qī ge</td><td>bā ge</td><td>jiǔ ge</td><td>shí ge</td></tr>
<tr><td>한 개</td><td>두 개</td><td>세 개</td><td>네 개</td><td>다섯 개</td><td>여섯 개</td><td>일곱 개</td><td>여덟 개</td><td>아홉 개</td><td>열 개</td></tr>
</table>

숫자 10 발음을 힘들어 하는 분들이 많습니다. 반복적으로 연습하면 잘 할 수 있으니 많이 연습하세요. 조금 더 응용해서, '한 사람, 두 사람, 세 사람'은 중국어로 어떻게 표현할까요? 사람을 중국어로 人(rén)이라고 합니다. 우리와 같이 人(사람 인) 글자를 쓰는 것이지요. 같이 보겠습니다.

<table>
<tr><td>一个人</td><td>两个人</td><td>三个人</td></tr>
<tr><td>yí ge rén</td><td>liǎng ge rén</td><td>sān ge rén</td></tr>
<tr><td>한 사람</td><td>두 사람</td><td>세 사람</td></tr>
</table>

쉽지요? 숫자만 알아도 할 수 있는 표현이 굉장히 많습니다. 물건을 살 때, 돈을 계산할 때 역시 숫자는 필수지요. 중국의 공식 화폐는 위안화(CNY, ChiNa Yuan)입니다. 중국에서는 인민폐(人民币)라고 부르고 RMB(rén mín bì)라고 표기하지요. 화폐 단위는 '으뜸 원'자를 써서, 元(yuán)이라고 표기한다는 것도 기억해 주세요. 2016년 기준, 1위안이 한화로 180원 정도니까 10위안이면 1800원 정도 되는 것이지요. 그러면 한번 연습해 봅시다.

<table>
<tr><td>一元</td><td>二元</td><td>三元</td></tr>
<tr><td>yì yuán</td><td>èr yuán</td><td>sān yuán</td></tr>
<tr><td>1위안</td><td>2위안</td><td>3위안</td></tr>
</table>

화폐 단위를 나타날 때 쓰이는 글자가 하나 더 있습니다. 바로 块(kuài)인데요. 元은 TV나 대중매체, 공식 석상에서 주로 쓰는 표현이고, 실생활에서는 块를 더 많이 씁니다. 그럼 块로도 한번 연습해 보겠습니다.

一块	两块	三块
yí kuài	liǎng kuài	sān kuài
1콰이	2콰이	3콰이

돈을 나타내는 표현이 元(yuán)과 块(kuài)가 있다는 것을 배워 보았습니다. 나아가 '날짜 표현'에 대해 배워보겠습니다. 중국도 역시 '해 년(年)'을 사용하여 한 해를 나타냅니다. 年(nián)이라고 읽습니다. 연습해 봅시다.

一年	两年	三年
yì nián	liǎng nián	sān nián
1년	2년	3년

2016년은 어떻게 읽는지 한번 보겠습니다.

二零一六年
èr líng yī liù nián
2016년

그럼 '월'은 어떻게 표현하는지 보겠습니다. 중국도 우리와 마찬가지로 '달 월(月)' 자를 쓰며, 月(yuè)라고 읽습니다.

一月	二月	三月
yī yuè	èr yuè	sān yuè
1월	2월	3월

참 쉽지요? 2를 나타내는 표현이 二(èr)과 两(liǎng)이 있다는 것 기억해 주시기 바랍니다. 그때그때 쓰이는 글자가 다르니 표현을 보면서 하나하나 익히는 것이 가장 좋은 방법입니다. 마지막으로 '일'에 대해 배워보겠습니다. 중국도 우리와 같이 '날 일(日)' 자를 쓰기도 하지만, 회화체에서는 '이름 호(号)' 자를 써서 '일'을 나타냅니다.

一号	二号	三号
yī hào	èr hào	sān hào
1일	2일	3일

'날 일(日)'자는 신문이나 TV, 정식석상에서 주로 쓰는 글자입니다.

一日	二日	三日
yí rì	èr rì	sān rì
1일	2일	3일

9월 5일을 어떻게 읽는지 보겠습니다.

九月五号(jiǔ yuè wǔ hào) 또는 九月五日(jiǔ yuè wǔ rì)라고 합니다.

회화에서는 号(hào)를 주로 쓴다는 사실도 참고해 주세요.

'횟수'를 나타내는 표현도 알아봅시다.

一次	两次	三次
yí cì	liǎng cì	sān cì
한 번	두 번	세 번

설치음인 'ci'와 'zi'는 한국인이 가장 어려워하는 발음입니다. 평소에 쓰지 않는 발음이기 때문인데요. 조급해 하지 말고 여유를 가지고 많이 연습하세요.

❷ 가족 호칭 🎧 1-02.mp3

爸爸	妈妈	哥哥	姐姐	弟弟	妹妹	爷爷	奶奶
bà ba	mā ma	gē ge	jiě jie	dì di	mèi mei	yé ye	nǎi nai
아빠	엄마	형, 오빠	누나, 언니	남동생	여동생	할아버지	할머니

❸ 인칭대명사 🎧 1-03.mp3

我	你	他	她	它
wǒ	nǐ	tā	tā	tā
나	너	그 사람	그녀	그것

그 녀석, 그녀, 그것을 지칭하는 표현이 모두 tā라는 것에 주의합니다. 단 한자는 각기 다릅니다. 여기서 그것은 사물과 동물을 말합니다. 복수 표현도 함께 배워봅시다.

我们	你们	他们	她们	它们
wǒ men	nǐ men	tā men	tā men	tā men
우리	너희	그 사람들	그녀들	그것들

们(men)이 붙으면 복수가 됩니다. 们(men)을 '우리 문'이라고 기억하면 좋습니다.

❹ 시간을 나타내는 기본 표현　🎧 1-04.mp3

'오늘, 내일, 모레'와 관련된 표현을 알아보겠습니다.

今天	明天	后天	昨天	前天
jīn tiān	míng tiān	hòu tiān	zuó tiān	qián tiān
오늘	내일	모레	어제	그저께

중국은 '하늘 천(天)'자를 좋아합니다. 회화체에서 '하늘 천(天)'자가 자주 등장한다는 것 참고하시기 바랍니다. 더불어 '올해, 내년, 내후년'과 관련된 표현도 보겠습니다.

今年	明年	后年	去年	前年
jīn nián	míng nián	hòu nián	qù nián	qián nián
올해	내년	내후년	작년	재작년

작년을 去年(qù nián)이라고 발음 하는 것에 유의합니다. 이어서 '아침, 점심, 저녁'을 보겠습니다.

早上	中午	晚上
zǎo shang	zhōng wǔ	wǎn shang
아침	점심	저녁

'아침, 점심, 저녁'을 나타내는 표현에 **好**(hǎo) 만 붙여 주면 인사 표현이 됩니다. 이어서 시간을 나타내는 '시, 분, 초'도 보겠습니다.

点	分	秒
diǎn	fēn	miǎo
시	분	초

아침 7시 10분을, **早上七点十分**(zǎo shang qī diǎn shí fēn)이라고 합니다.

❺ 방위접속사

이번엔 '동, 서, 남, 북' 방향을 가리키는 표현을 배워 봅시다.

东	西	南	北
dōng	xī	nán	běi
동	서	남	북

다만 '동녘 동' 한자가 약자라는 것을 눈여겨 봐주시기 바랍니다. '북녘 북'도 자세히 보면 우리나라에서 쓰는 번체자와는 획이 조금 다르다는 것을 알 수 있습니다. 계속해서, '상, 하, 좌, 우'에 대해 알아보겠습니다.

上	下	左	右
shàng	xià	zuǒ	yòu
상	하	좌	우

❻ 계절 표현하기

계절을 나타내는 단어도 한번 배워 보겠습니다.

春天	夏天	秋天	冬天
chūn tiān	xià tiān	qiū tiān	dōng tiān
봄	여름	가을	겨울

❼ 요일과 주일

요일을 나타내는 표현으로는 星期(xīng qī)와 礼拜(lǐ bài)가 있습니다. 중국은 숫자(一, 二, 三)로 요일을 나타낸다는 것도 참고해 주세요.

星期一	星期二	星期三	星期四	星期五	星期六	星期天
xīng qī yī	xīng qī èr	xīng qī sān	xīng qī sì	xīng qī wǔ	xīng qī liù	xīng qī tiān
월요일	화요일	수요일	목요일	금요일	토요일	일요일

일요일은 '하늘 천(天)'으로 표기합니다. 礼拜(lǐ bài)로도 한번 같이 보겠습니다.

礼拜一	礼拜二	礼拜天
lǐ bài yī	lǐ bài èr	lǐ bài tiān
월요일	화요일	일요일

위와 같이, 요일을 나타내는 대표적인 표현으로 星期(xīng qī)와 礼拜(lǐ bài)가 있습니다. 이 외에 周(zhōu)라는 표현도 있는데, TV에서 자주 씁니다.

周一	周二	周三	周日
zhōu yī	zhōu èr	zhōu sān	zhōu rì
월요일	화요일	수요일	일요일

일반적으로 회화체에서는 星期(xīng qī)나 礼拜(lǐ bài)를 사용하고, TV나 신문에서는 周(zhōu)를 쓴다고 기억하시면 좋겠습니다. 예를 들어, 드라마 광고에서 '周三, 晚 8:30'은 수요일 저녁 8시 30분을 나타내는 것입니다. 그럼 조금만 더 응용해서, '하루, 이틀, 사흘'은 어떻게 표현하는지 보겠습니다.

一天	两天	三天
yì tiān	liǎng tiān	sān tiān
하루	이틀	사흘

나아가 '일주일, 이주일, 삼주일'은 어떻게 말하는지 보겠습니다.

一个星期	两个星期	三个星期
yí ge xīng qī	liǎng ge xīng qī	sān ge xīng qī
일주일	이주일	삼주일

'주일 주(周)' 자를 넣어서도 말할 수 있습니다.

一周	两周	三周
yì zhōu	liǎng zhōu	sān zhōu
일주일	이주일	삼주일

자 그럼 '한 달, 두 달, 세 달'은 어떻게 말할까요?

一个月	两个月	三个月
yí ge yuè	liǎng ge yuè	sān ge yuè
한 달	두 달	세 달

❽ 그 밖에 수사, 양사   🎧 1-08.mp3

그 밖에 추가적으로 알아두면 유용하게 쓰일 수사와 양사 표현에 대해
알아보겠습니다. 중국에서는 과일을 팔 때 개수가 아니라 근으로 파는데
요. 한 근을 중국에서는 500g으로 봅니다. 과일을 사러 가보겠습니다.

一斤	两斤	三斤
yì jīn	liǎng jīn	sān jīn
한 근	두 근	세 근

나아가 킬로그램(kg)에 대해 알아봅니다.

一公斤	两公斤	三公斤
yì gōng jīn	liǎng gōng jīn	sān gōng jīn
1kg	2kg	3kg

그램(g)에 대해서도 알아봅니다.

一克	十克	一百克
yī kè	shí kè	yì bǎi kè
1g	10g	100g

밀리리터(㎖)도 함께 보겠습니다.

一毫升	十毫升	一百毫升
yì háo shēng	shí háo shēng	yì bǎi háo shēng
1㎖	10㎖	100㎖

리터(ℓ)도 함께 보겠습니다.

一升	十升	三十升
yì shēng	shí shēng	sānshí shēng
1ℓ	10ℓ	30ℓ

거리를 나타내는 미터(m)도 보겠습니다.

一米	五十米	一百米
yì mǐ	wǔ shí mǐ	yì bǎi mǐ
1m	50m	100m

킬로미터(km)도 함께 보겠습니다.

一公里	十公里	一百公里
yì gōng lǐ	shí gōng lǐ	yì bǎi gōng lǐ
1km	10km	100km

마지막으로 센티미터(cm)에 대해 알아보겠습니다.

一厘米	十厘米	五十厘米
yì límǐ	shí límǐ	wǔ shí límǐ
1cm	10cm	50cm

더하기, 빼기, 곱하기, 나누기도 빠지면 섭섭하겠지요?

加	减	乘	除
jiā	jiǎn	chéng	chú
더하기	빼기	곱하기	나누기

要办护照了。
여권을 만들어야겠어.

🎧 2-01.mp3

○ 要办护照了。
yào bàn hù zhào le

○ 还没有办了吗?
hái méi yǒu bàn le ma

○ 没有啊。
méi yǒu a

○ 快去办啊!
kuài qù bàn a

○ 那, 签证呢?
nà, qiān zhèng ne

○ 也要办的。
yě yào bàn de

○ 需要多久?
xū yào duō jiǔ

○ 一个星期左右。
yí ge xīng qī zuǒ yòu

- 여권을 만들어야겠어.
- 아직 안 만들었어?
- 안 만들었어.
- 빨리 가서 해!
- 그럼, 비자는?
- 그것도 해야지.
- 얼마나 걸릴까?
- 일주일 정도.

짝수를 좋아해요
数字, shù zì

중국에서 환영 받는 숫자는 모두 짝수인데 이는 '한 쌍'을 아름답게 바라보는 중국인의 시각이 반영되어 있는 것이지요. 중국에서 환영 받는 숫자로는 2, 6, 8, 10(成双成对) 등 짝수로 볼 수 있는데, 2에는 '한 쌍'이라는 뜻이 있고, 6은 '모든 일이 순리대로 문제없이 잘 처리된다(六六大顺)', 8은 '큰돈을 벌다, 부자가 된다(发财)'는 뜻이 숨겨져 있지요. 10 역시 '모든 것이 갖추어져 부족함이 없는(十全十美)'이라는 뜻이 담겨있어 사랑을 받고 있습니다. 중국인이 가장 좋아하는 숫자를 뽑으라면 8을 뽑을 수 있는데, '부(富)를 가져다 준다'는 뜻을 가진 글자이기 때문이지요. 4는 짝수이기는 하지만 死(죽을 사)와 발음이 비슷해서 우리나라에서처럼 중국에서도 그리 환영받지 못하는 숫자입니다.

유용한 표현

오늘부터 매일 한 표현씩 배워 볼 텐데요. 그 첫 번째 시간입니다. 우리말에도 '먼저 ~부터 하자'라는 말이 있지요? 오늘 배워볼 표현입니다. 실생활에서 아주 많이 쓰이니 익혀두면 좋겠습니다.

先 ~ 吧! 먼저 ~부터 하자!
xiān   ba

先办护照吧! 여권부터 만들자!
xiān bàn hù zhào ba

先吃饭吧! (배고프다) 밥부터 좀 먹자!
xiān chī fàn ba

先睡一会儿吧! (피곤하다) 잠부터 좀 자자!
xiān shuì yí huìr ba

先(xiān)은 '먼저 선'입니다. 한국에서는
선두, 선취득점 같은 단어에 쓰이는데요.
先이 맨 앞에 나오면 '다른 거 다 제쳐두고 먼저 ~부터'
라는 느낌이 있습니다.
吧는 문장 맨 끝에 와서, 영어의 let's(~ 하자) 역할을
해주지요. 어렵지 않고 실제로 자주 쓰이는 표현이니
연습해 보세요.

VOCA 숫자의 확장	
十一 shíyī	열하나
十二 shíèr	열둘
十三 shísān	열셋
十四 shísì	열넷
十五 shíwǔ	열다섯
十六 shíliù	열여섯
十七 shíqī	열일곱
十八 shíbā	열여덟
十九 shíjiǔ	열아홉
二十 èrshí	스물
二十一 èrshíyī	스물하나
二十二 èrshíèr	스물둘
二十三 èrshísān	스물셋
一百 yìbǎi	백
两百 liǎngbǎi	이백
三百 sānbǎi	삼백
一千 yìqiān	천
两千 liǎngqiān	이천
三千 sānqiān	삼천
一万 yíwàn	만
十万 shíwàn	십만
一百万 yìbǎiwàn	백만

중국이 궁금해요!

Q 숫자는 어느 단위까지 공부하면 될까요?

한국에서는 억대까지 사용되는 숫자가 중국에서는 그렇게까지 필요하지 않습니다. 우리나라처럼 화폐의 단위가 크지 않아서인데요. 중국 집 한 채 가격이 중국 돈 기준으로 200만 위안(한화 약 3억 5천만 원) 정도이고, 밥 한 끼가 10위안~30위안(한화 약 1천 8백원~5천원) 정도이며, 대학 졸업생의 월급이 평균 5천 위안(한화 약 90만 원) 정도 되고, 일반 식당에서 일하는 종업원의 월급은 평균 3천 위안(한화 약 55만 원) 정도 됩니다. 기본적으로 화폐의 단위가 크지 않은 것이지요. 그래서 만(万) 단위까지만 알고 있으면 문제가 없어요. 참고로 숫자 2를 나타내는 표현에는 두 이(二)와 두 량(兩), 이렇게 두 글자가 같이 사용된다는 것 참고해 주세요. 특별한 공식이 있는 것이 아니라 상황마다 쓰이는 단어가 다르니 여러 가지 예를 보면서 익히면 좋겠습니다. 중국어 공부의 첫걸음, 숫자만큼은 확실히 익혀두기 바랍니다.

几点的飞机?
몇 시 비행기야?

- 几点的飞机?
  jǐ diǎn de fēi jī

- 早上八点的。
  zǎo shang bā diǎn de

- 什么?
  shén me

- 我说早上八点。
  wǒ shuō zǎo shang bā diǎn

- 太早了吧!
  tài zǎo le ba

- 这是特价票。
  zhè shì tè jià piào

- 我不喜欢!
  wǒ bù xǐ huan

- 怎么了?
  zěn me le

- 我早上起不来。
  wǒ zǎo shang qǐ bu lái

- 没办法,已经付款了。
  méi bàn fǎ,　　yǐ jīng fù kuǎn le

- 몇 시 비행기야?
- 아침 8시 거야.
- 뭐라고?
- 아침 8시 비행기라니까.
- 너무 이르잖아!
- 표가 싸게 나왔어.
- 난 싫어!
- 뭐가?
- 난 아침에 못 일어나.
- 할수없어. 이미 돈 냈어.

VOCA

几点 jǐdiǎn 몇 시
飞机 fēijī 비행기
早上 zǎoshang 아침
八点 bādiǎn 8시
什么 shénme 뭐라고, 무엇
太 tài 너무, 정말
早 zǎo 이르다
这 zhè 이, 이것
是 shì ～이다
特价票 tèjiàpiào 특가표
怎么了 zěnmele 어째서?
　　　(의문을 나타내는 표현)
起不来 qǐbulái
　　　일어나지 못 하다
没办法 méibànfǎ 어쩔수없다
已经 yǐjīng 이미
付款 fùkuǎn 돈을내다,
　　　지불하다

비행기는 자주 지연돼요

飞机延误, fēi jī yán wù

비행기는 다른 교통수단과 달리, 날씨에 정말 민감합니다. 바람이 분다거나, 비가 온다거나, 눈이 오면, 그 양이 많지 않더라도 쉽게 지연이 됩니다. 문제는 그 지연되는 시간이 버스나 지하철처럼 짧은 것이 아니라 1시간에서 길게는 하루까지 지연되기도 하는데요. 저 역시 중국에서 한국으로 들어올 때 무려 5시간을 기다려 비행기를 탄 적이 있습니다. 그날은 특별히 날씨에 문제가 있는 것도 아니었는데 5시간이나 지연이 되었습니다. 이렇듯 비행기는 한두 시간은 기본이고, 길면 몇 시간에서 심지어 하루가 넘게 지연되는 경우도 있습니다. 비행기 지연은 여행객의 일정에도 막대한 영향을 미치는데요. 비행기를 탄다면 늦어질 수도 있다는 느긋한 마음을 갖는 것이 필요합니다. 정시 출발, 정시 도착이 쉽지 않은 교통수단이 비행기라는 것을 참고하시기 바랍니다.

두 번째 시간입니다. 오늘 배워볼 표현은 숫자와 관련이 있습니다. 바로 '몇'을 나타내는 수사(数词)에 대해 알아볼 텐데요. '몇 시' '몇 사람' 등 회화에서 아주 자주 쓰이니 눈여겨보기 바랍니다.

几点的 ~ 명사? 몇 시 ~야?
jǐ diǎn de

几点的飞机? 몇 시 비행기야?
jǐ diǎn de fēi jī

几点的车? 몇 시 차야?
jǐ diǎn de chē

几点的票? 몇 시 표야?
jǐ diǎn de piào

눈여겨봐야 할 것이 几(jǐ)입니다. 영어로 'how many(얼마나 많은)'에 해당하는 수사 几는 수량, 개수를 물어볼 때 쓰는 글자입니다.

몇 시인지 궁금할 때, 몇 사람인지 궁금할 때, 모두 숫자에 관한 의문이니 几를 이용하여 물어볼 수 있습니다.

참고로 几 의 번체자가 幾(몇 기, 얼마 기, 어느정도 기)라는 것도 알아두면 기억하는데 더 도움이 되겠지요. 이 밖에도 几个人(몇 사람이세요)?, 几位(몇 분이세요)?, 几个(몇 개예요)? 등으로 물어볼 수 있으니 참고하기 바랍니다.

VOCA 공항에서

机场 jīchǎng 공항
飞机 fēijī 비행기
延误 yánwù
　　지연되다, 늦게 출발하다
行李 xínglǐ 짐
超重 chāozhòng
　　(짐이) 무게를 초과하다
登机口 dēngjīkǒu 탑승 게이트
窗口位置 chuāngkǒuwèizhì
　　창가 자리
打火机 dǎhuǒjī 라이터
吸烟 xīyān 흡연하다
禁止吸烟 jìnzhǐxīyān
　　흡연이 금지되다
排队 páiduì 줄을 서다
卫生间 wèishēngjiān 화장실
地铁 dìtiě 지하철
机场大巴 jīchǎngdàbā 공항버스
打的 dǎdī 택시를 타다
停车场 tíngchēchǎng 주차장
咖啡厅 kāfēitīng 커피숍

중국이 궁금해요!

Q 몇 시 비행기가 가장 좋을까요?

가끔씩 아침 비행기를 타는 분들을 보게 됩니다. 물론 소화해야 하는 일정이 있다면 어쩔 수 없지만, 아침 비행기를 탄다는 것은 매우 힘든 일이 아닐 수 없습니다. 저는 개인적으로 오후 비행기를 추천해 드립니다. 시간대도 이왕이면 2시나 4시 정도로 한가할 때 말이지요. 오후 4시 비행기를 탄다면, 오전 10시쯤 일어나서, 커피도 한 잔 하고, 샤워도 하고, 12시쯤 천천히 집을 나설 수 있습니다. 반대로 아침 8시나 9시 비행기를 탄다면, 새벽 3~4시에는 일어나야 하는 상황을 맞이하게 됩니다. 아침 비행기가 저렴한 경우가 있는 것은 사실이나, 전체적인 몸의 컨디션을 고려한다면 오후나 저녁 비행기가 좋다고 생각합니다. 낮 12시 비행기도 아침 일찍 일어나서 부지런히 준비해야하기 때문에 빠듯할 수 있습니다.

十分钟就到。
10분이면 가요.

2-03.mp3

○ **请问, 新天地怎么走?**
qǐng wèn,　xīn tiān dì zěn me zǒu

○ **往这边走。**
wǎng zhè biān zǒu

○ **远吗?**
yuǎn ma

○ **不远。**
bù yuǎn

○ **需要多久?**
xū yào duō jiǔ

○ **十分钟就到。**
shí fēn zhōng jiù dào

○ **谢谢。**
xiè xiè

○ **不客气。**
bú kè qi

● 죄송한데,
　신톈디 어떻게 가나요?
● 이쪽으로 가세요.
● 멀어요?
● 안 멀어요.
● 얼마나 가나요?
● 10분이면 가요.
● 감사합니다.
● 뭘요.

VOCA

就 jiù 곧, 바로
到 dào 도착하다, 도달하다
请问 qǐngwèn
　　　말씀 좀 묻겠습니다
怎么走 zěnmezǒu
　　　어떻게 갑니까
往 wǎng ~ 쪽으로
这边 zhèbiān 이쪽, 이 방향
远 yuǎn 멀다
不 bù 그렇지 않다, 아니다
谢谢 xièxiè 고맙습니다
不客气 búkèqi 천만에요

중국은 '길 로(路)' 자와 친해요
地址, dìzhǐ

누구나 한 번씩 낯선 곳에서 길을 물어봤다가 잘못된 길을 안내받은 적이 있을 겁니다. 모르면 모른다고 하면 좋은데, 그래도 어떻게든 도움을 주고 싶어서 그러는 것이겠죠? 섣불리 길 물었다가 고생하지 않도록 중국에서 길찾는 방법을 공유해 드리겠습니다. 우리나라에서는 자기 집의 위치나 찾고있는 지역을 얘기할 때 '동(洞)'이라는 표현을 많이 쓰지만, 중국은 '로(路)'를 씁니다. 马当路(mǎdānglù), 黄陂南路(huángpí nánlù)처럼 길이 교차되는 지점이 특정 위치나 지역을 나타내죠.

그렇기 때문에 택시를 타서 기사님께 목적지를 말할 때에도 반드시 두 개의 거리가 교차하는 지점 즉 '马当路 黄陂南路' 이렇게 말하는 것이 좋습니다. 단도직입적으로 '马当路 888号'라고 말할 수도 있겠으나, 이렇게 말하면 기사님이 한참을 찾아 헤맬 겁니다. 택시 기사님이라 해도 골목골목의 번지수까지 다 외우고 있지 않기 때문이지요. 돌아가거나 헤매고 싶지 않다면 반드시 교차되는 두 개의 거리를 얘기하도록 하세요.

한편 중국에서도 '시(市)'와 '구(区)'는 우리나라에서 쓰는 한자와 같은 한자를 사용하며, 번지수는 '롱(弄)'으로 표현합니다. 또한 아파트의 동과 호는 '이름 호(号)'와 '집 실(室)'로 표기하지요. 그러므로 중국의 주소는 上海市(shànghǎishì) 卢湾区(lúwānqū) 太仓路(tàicānglù) 888弄(lòng) 22号(hào) 501室(shi) 순서로 되는 것이지요. 중국에 가시게 된다면 반드시 거리에 있는 표지판을 확인하셔서, 내가 지금 무슨 거리(路)에 서 있는지 확인하시기 바랍니다.

유용한 표현

오늘은 '의문문 만들기'를 해보겠습니다. 아주 중요하겠지요? 생각보다 간단하니, 같이 한번 보겠습니다.

동사, 형용사 + **吗?** ~ 인가요? (의문문)
ma

远吗? 멀어요?
yuǎn ma

近吗? 가까워요?
jìn ma

好吃吗? 맛있나요?
hǎo chī ma

문장 끝에 吗(ma)만 붙여주면 됩니다. 아주 쉽지요?
대답은 긍정이면 각각 '远' '近' '好吃' 이렇게 간단하게
이야기할 수 있습니다. 부정적인 대답을 하시려면
不(bù)를 써서 '不远' '不近' '不好吃'라고 이야기할 수
있습니다. 不는 중국어에서 부정을 나타내는
대표적인 글자입니다. 앞뒤로 어느 글자를 만나느냐에 따라
성조가 다르니, 여러 문장을 통해 익혀보기 바랍니다.
또한 회화에서는 문장의 주어가 생략될 수 있으니
참고하기 바랍니다.

怎么走 zěnmezǒu	어떻게 갑니까?
怎么去 zěnmequ	어떻게 갑니까?
不知道 bùzhīdào	몰라요
不太清楚 bútàiqīngchu	잘 모릅니다
听不懂 tīngbùdǒng	이해를 못하겠어요
远 yuǎn	멀다
近 jìn	가깝다
打的 dǎdī	택시
起步费 qǐbùfèi	기본요금
坐 zuò	타다
公交 gōngjiāo	버스
地铁 dìtiě	지하철
左边 zuǒbian	왼쪽
右边 yòubian	오른쪽
左拐 zuǒguǎi	좌회전
右拐 yòuguǎi	우회전
一直走 yìzhízǒu	직진하다
韩国小区 hánguóxiǎoqū	코리아타운
人民广场 rénmínguángchǎng	인민광장

중국이 궁금해요!

Q 중국에서 운전하기 어렵나요?

'중국에서 운전을 배우면, 세계 어느 곳을 가도 두렵지 않다'는 말이 있습니다. 그만큼 고난이도의 운전 기술이 필요한 곳이 중국입니다. 장기간 거주하는 경우라면 생각해볼 수 있지만, 그렇지 않은 경우라면 택시나 대중교통을 추천해 드립니다. 운전하다가 작은 접촉 사고라도 나면 외국인이라는 이유로 불리한 대우를 받는 경우가 종종 있으며, 큰 사고가 난다면 문제가 아주 커집니다. 아직 우리나라만큼 편리하게 차를 몰 수 있는 환경이 아닌 만큼 중국 어디를 가든지 자동차 운전은 그리 추천하지 않습니다. 운전자의 습관도 우리랑 많이 다르기 때문에, 적응하는 데 매우 애를 먹을 수 있습니다.

坐公交去吧!
버스타고 가자!

 2-04.mp3

坐公交去吧!
zuò gōng jiāo qù ba

多少钱?
duō shao qián

两块钱。
liǎng kuài qián

好便宜!
hǎo pián yi

你有交通卡吗?
nǐ yǒu jiāo tōng kǎ ma

没带了。
méi dài le

我有两张。
wǒ yǒu liǎng zhāng

可以换乘吗?
ké yǐ huàn chéng ma

当然!
dāng rán

真不错!
zhēn bú cuò

- 버스타고 가자!
- 얼마야?
- 2콰이야.
- 싸네!
- 교통카드 있어?
- 안 가져왔어.
- 나 두장 있어.
- 환승도 돼?
- 그럼!
- 좋았어!

去 qù 가다
多少钱 duō shao qián 얼마야?
两 liǎng 숫자 2
好 hǎo 매우, 꽤
便宜 piányì 싸다
有 yǒu 있다
交通卡 jiāotōngkǎ 교통카드
带 dài 지니다, 가져오다
可以 kěyǐ 할 수 있다
换乘 huànchéng 환승하다
真 zhēn 정말로, 매우

버스에 벨이 없어요

巴士, bā shì

중국 버스에는 내릴 때 누르는 벨이 없습니다. 벨이 없으면 운전기사가 어떻게 알까 생각이 드는데요. 단순하게도, 내리고 싶을 때 뒷문에 가서 서있으면 됩니다. 운전기사는 뒷문에 서있는 사람을 보고 뒷문을 열지 안 열지 결정을 하는데요. 출근시간 같은 경우는 정거장마다 앞에 멈춰서 한 번씩 문을 열었다 닫았다 한다고 보시면 됩니다. 운전기사는 속도계 옆에 설치된 모니터를 통해서 후문 상황을 볼 수 있기 때문에, 굳이 고개를 돌려 확인하지 않아도 하차할 사람이 있는지 없는지 알 수 있습니다. 일반적으로 모니터를 봐서 후문 주변이 비어있으면 정류장을 그냥 지나치고, 사람들이 모여 있으면 멈추어 문을 열어줍니다. 또한, 중국은 하차 시 별도로 카드를 찍을 필요가 없으니 참고하시기 바랍니다.

유용한 표현

오늘은 '원하다'라는 표현을 배워보겠습니다.

我想 + 동사   ~ 하고 싶단 말이야
wǒ xiǎng

我想吃。 (그거) 먹고 싶단 말이야.
wǒ xiǎng chī

我想喝。 (그 음료수) 나 마실래.
wǒ xiǎng hē

我想看。 (그 영화) 보고 싶어.
wǒ xiǎng kàn

본동사와 연결되어 그 풀이를 보조하는 동사를 조동사라고
합니다. 오늘의 주인공은 바로 想(xiǎng)입니다. '생각할 상'
이 오면 '~하고 싶어, ~할래'의 뜻이 되는 것입니다.
想은 조동사이기 때문에 뒤에 동사가 올 수 있고,
목적어 까지 오면 완벽한 문장이 됩니다.
위 문장을 각각 '我想吃东西' '我想喝啤酒' '我想看电影'
이렇게 말할 수 있는 것이지요. 위에서처럼 목적어가
생략된 채, 간단하게 주로 많이 쓰이니 익혀두시기
바랍니다.

VOCA 출근시간	
高峰时间 gāofēngshíjiān	출퇴근 시간
堵车 dǔchē	차가 막히다
没办法 méibànfǎ	방법이 없다, 손 쓸 도리가 없다
快 kuài	빨리
慢 màn	천천히
请快点 qǐngkuàidiǎn	빨리 좀 가주세요
请慢点 qǐngmàndiǎn	천천히 가주세요
迟到 chídào	지각하다
来得及 láidejí	늦지 않게 갈 수 있다
来不及 láibují	제시간에 가지 못하다, 늦다
交通卡 jiāotōngkǎ	교통카드
没钱 méiqián	돈이 없다
充钱 chōngqián	충전하다

Q 중국 화폐에서 가장 큰 단위는 얼마인가요?

100위안입니다. 가장 큰 화폐의 단위가 100이라니, 생각보다 단위가 크지 않음을 알 수 있는데요. 100위안은 한국 돈으로 약 1만 8천 원의 가치를 가집니다. 환율의 변동에 따라 다르지만, 최근 몇 년간 1만 8천 원의 가치를 꾸준히 유지하고 있습니다. 이 밖에 현재 1위안, 5위안, 10위안, 20위안, 50위안의 지폐가 있으니 100위안 지폐를 포함하여 총 6장의 지폐가 있다고 볼 수 있습니다. 2016년 올해 중국 정부는, 100위안 신 화폐를 발행하기도 하였습니다. 가운데 부분을 금색으로 도색하는 등 소소한 변화가 보이는데요. 100위안 지폐의 색상은 중국인이 가장 좋아하는 색상인 빨강색입니다. 더 큰 단위의 지폐가 나온다는 이야기가 오래전부터 있었지만, 당분간은 100위안이 유지될 것으로 보입니다.

坐地铁吧!
지하철 타자!

🎧 2-05.mp3

○ 几点了?
jǐ diǎn le

○ 八点五十。
bā diǎn wǔ shí

○ 来不及了吧?
lái bu jí le ba

○ 坐地铁吧!
zuò dì tiě ba

○ 坐地铁来得及吗?
zuò dì tiě lái de jí ma

○ 当然。
dāng rán

○ 还有半个小时, 来得及吗?
hái yǒu bàn ge xiǎo shí,　　lái de jí ma

○ 绝对来得及!
jué duì lái de jí

● 몇 시야?
● 8시 50분.
● 늦겠네?
● 지하철 타자!
● 지하철 타면 제시간에 갈 수 있어?
● 당연하지.
● 30분 남았어. 늦지 않겠어?
● 절대 안 늦어!

아침저녁은 전쟁이에요

高峰时间, gāo fēng shí jiān

한국과 마찬가지로 중국 도시에서 아침저녁은 전쟁터를 방불케 합니다. 인구가 워낙 많다보니, 도로 자체가 주차장을 연상케 하는데요. 베이징이나 상하이 같은 대도시는 차가 있어도 무용지물인 경우가 많습니다. 저 역시 운전하다가 이동 없이 한 곳에서 20분간 멈춰 있었던 경험을 한 적도 있고요. 차를 놓고 도망가고 싶은 충동까지 느끼는 곳이 중국의 도심입니다. 중국의 아침 정체는 우리보다 1시간 정도 일찍 시작합니다. 사람들이 일찍 일어나기 때문이겠지요. 출퇴근 시간에는 정시 출발 정시 도착이 가능한 지하철이 가장 좋은 교통수단으로 평가받고 있습니다. 중국의 지하철 요금은 최소 3위안에서 최대 8위안(한화 500원~1400원) 정도로 한국보다 조금 저렴한 편입니다.

유용한 표현

앞에서 '원하다' 표현을 배워봤지요. 오늘은 좀 더 나아가서 '정말로 원할 때, 간절히 원할 때' 쓰는 표현을 배워보겠습니다.

我要 + 동사　나 ~ 할 거야
wǒ yào

我要吃。 (그거) 나 먹을 거야.
wǒ yào chī

我要喝。 (그 맥주) 나 마실 거라니까.
wǒ yào hē

我要买。 (그 옷) 나 살 거야.
wǒ yào mǎi

VOCA 가족	
爸爸 bàba 아빠	
妈妈 māma 엄마	
哥哥 gēge 형, 오빠	
姐姐 jiějie 누나, 언니	
弟弟 dìdi 남동생	
妹妹 mèimei 여동생	
爷爷 yéye 할아버지	
奶奶 nǎinai 할머니	
外公 wàigōng 외할아버지	
外婆 wàipó 외할머니	
老公 lǎogōng 남편	
老婆 lǎopó 아내	
妻子 qīzi 아내	
儿子 érzi 아들	
女儿 nǚér 딸	
姑姑 gūgu 고모	
岳父 yuèfu 장인 어르신	
岳母 yuèmǔ 장모님	
女婿 nǚxù 사위	
媳妇 xífù 며느리	
孙子 sūnzi 손자	
孙女 sūnnǚ 손녀	

바로 조동사 要(원하다 요, 요구할 요)가 주인공인데요.
要(yào)라는 글자를 보면, 어린아이가 엄마에게 무언가를
사달라고 조르는 모습이 연상됩니다. 그만큼 강하게
무엇인가를 원할 때 쓰이는 글자지요.
要 역시 조동사로써, 동사 앞에 위치합니다.
영어로 치면 'really want'의 느낌인데요. 뒤에 목적어까지
와 주면 완벽한 문장이 되지만, 위 표현처럼 목적어가
생략된 채 간단하게 많이 쓰이니 익혀두시기 바랍니다.

Q 지하철을 탈 때에도 소지품 검사를 한다는데, 사실인가요?

네, 그렇습니다. 중국은, 지하철을 탈 때에도 공항처럼 안전검색대를 통과해야 합니다. 쉽게 말해서, 짐을 검사하는 기계가 있는 것이지요. 아침저녁 출근시간대에는 바쁘다는 핑계로 안전요원의 요청을 무시하고 그냥 들어가는 사람들도 있으나, 대부분의 사람들은 소지품 검사에 불평불만 없이 협조합니다. 혹시나도 모를 만일의 사태에 대비한 것인데요. 지하철의 특성상, 한번 문이 닫히면, 다음 역에 도착할 때까지 문을 열 수 없으니, 만일의 사태에 대비한 것이라고 할 수 있지요. 앞사람이 안전검사에 응하면 뒷사람도 응하고, 앞사람이 지나치면, 뒷사람도 그냥 지나치는 광경을 볼 수 있는데요. 때로는 안전요원과 승객 간에 실랑이가 벌어지곤 합니다. 날카로운 물품이나 조금이라도 위험한 물건은 지하철 내에 반입할 수 없으니 참고하시면 좋겠습니다.

打的贵不贵?
택시는 비싸?

 2-06.mp3

- 打的贵不贵?
  dǎdī guì bu guì

- 不贵!
  bú guì

- 上海多少钱?
  shàng hǎi duō shao qián

- 十四块钱。
  shí sì kuài qián

- 十四块的话多少钱?
  shí sì kuài de huà duō shao qián

- 韩币两千两百元。
  hán bì liǎng qiān liǎng bǎi yuán

- 很便宜啊!
  hěn pián yi a

- 起步公里也是三公里。
  qǐ bù gōng lǐ yě shì sān gōng lǐ

- 택시는 비싸?
- 안 비싸!
- 상하이는 얼마야?
- 14위안.
- 14위안이면 얼마야?
- 한국 돈으로 2200원.
- 무지 싸네!
- 기본 거리도 3km야.

VOCA

打的 dǎdī 택시
贵 guì 비싸다
~的话 dehuà 만약 ~라면,
　　　　 ~라고 가정한다면
韩币 hánbì 한국 지폐
公里 gōnglǐ 킬로미터(km)
起步公里 qǐbùgōnglǐ
　　　　 택시의 기본요금으로
　　　　 갈 수 있는 거리

택시를 타고 멀리 가보세요
打的, dǎdī

택시를 나타내는 단어로 出租车(chūzūchē)가 있기는 하나, 이는 진부한 표현입니다. 회화체에서는 일반적으로 打的(dǎdī)를 많이 씁니다. 중국 택시는 요금도 저렴하고, 한번 타면 기본거리도 길어서 자주 이용하게 됩니다. 우리나라는 2km까지만 기본요금 적용을 받게 되는데, 중국은 무려 3km까지 기본요금으로 갈 수가 있습니다. 즉, 장거리를 가게 되어도 요금이 얼마 안 나온다는 것이지요. 상하이 시내를 한 바퀴 돌아도 100위안(한화 약 1만 8천 원)이 나올까 말까 하니, 유학생이나 한국인들은 택시를 많이 이용하게 됩니다. 각 지역마다 차이는 있으나, 대부분 기본요금이 14위안(한화 약 2200원) 미만이며, 리무진 택시는 이보다 조금 비쌀 수 있습니다.

유용한 표현

오늘은 앞서 배운 想(xiǎng)을 이용하여 정반의문문을 만들어 보겠습니다.

(你)想不想 + 동사?
(nǐ) xiǎng bu xiǎng

~ 하고 싶어 안 하고 싶어?
(정반의문문)

想不想去? 가고 싶어 안 가고 싶어?
xiǎng bu xiǎng qù

想不想来? 오고 싶어 안 오고 싶어?
xiǎng bu xiǎng lái

想不想吃? 먹고 싶어 안 먹고 싶어?
xiǎng bu xiǎng chī

不 앞뒤에 동사, 형용사가 오면 '할래 안 할래' '예뻐 안 예뻐' '좋아 안 좋아' 이렇게 양쪽으로 다 물어보는 정반(正反)의문문이 됩니다. 문장 자체가 물어보는 표현이므로 吗가 따로 붙지 않습니다. 不의 앞뒤로 온 글자는 想(xiǎng)이라는 조동사이기 때문에 원칙적으로는 뒤에 동사가 와 주어야 합니다. 목적어까지 와 준다면 완벽한 문장이 되겠으나, 회화에서는 이 모든 것을 생략하고 자주 쓰입니다.

Q 중국에도 대형 택시가 있나요?

네, 그렇습니다. 요금도 일반 택시와 그리 차이가 나지 않아 부담 없이 이용할 수 있습니다. 우리나라에서 일반 택시와 리무진 택시의 기본요금 차이가 상당한 것과 달리, 중국에서는 단돈 2위안(한화 350원)밖에 차이 나지 않습니다. 즉, 부담 없이 이용할 수 있다는 것인데요. 저와 제 아내가 상하이 현지에 도착했을 당시, 둘이 합해 무려 4개의 짐 가방이 있었는데, 리무진 택시 한 대에 모두 다 들어갔습니다. 그만큼 트렁크도 크고 넓다는 것이지요. 대도시 같은 경우, 리무진 택시는 따로 전화로 부를 필요 없이, 일반 도로에서 쉽게 접할 수 있습니다. 공항에서도 세 대 중의 한 대는 리무진 택시일 정도로 흔하게 볼 수 있는데요. 리무진 택시는 짐이 많은 사람들에게 더없이 좋은 교통수단이 되어줄 것입니다.

你去哪儿了?

어디에 갔는데?

2-07.mp3

坐四十个小时了?
zuò sì shí ge xiǎo shí le

没错!
méi cuò

你去哪儿了?
nǐ qù nǎr le

四川。
sì chuān

为什么不坐快车?
wèi shén me bú zuò kuài chē

当时钱不够。
dǎng shí qián bú gòu

感觉怎么样了?
gǎn jué zěn me yàng le

腰都快断了。
yāo dōu kuài duàn le

难道你坐着去了吗?
nán dào nǐ zuò zhe qù le ma

是啊!
shì a

- 40시간을 탔다고?
- 응!
- 어디에 갔는데?
- 쓰촨.
- 왜 고속기차 안탔어?
- 그땐 돈이 모자랐지.
- 괜찮았어?
- 허리 끊어질 뻔 했어.
- 설마 앉아서 간 거야?
- 그래!

VOCA

哪儿 nǎr 어디
快车 kuàichē 고속기차
当时 dāngshí 그 당시에
不够 búgòu 모자라다,
　　 충분하지 못하다
感觉 gǎnjué 느낌, 기분
腰 yāo 허리
断 duàn 끊어지다
难道 nándào 설마
着 zhe ~한 채로

쉬는 날에는 집에서 뒹굴어요
放假, fàng jià

放假(fàng jià)란 명절, 휴식, 방학을 뜻합니다. 설날이나 노동절, 국경일 같은 명절이 중국에서는 굉장히 큰 행사에 속하기 때문에 쉬는 날도 길지요. 설이나 추석 때, 우리가 보통 3일을 쉰다면 중국은 최대 7일에서 10일까지 쉬어요. 넓은 땅 만큼이나 긴 휴식 기간을 자랑합니다. 이는 집에 가기 위해서는 최소 이틀 이상 걸리는 사람들을 배려한 것이라고도 볼 수 있는데, 설 때 민족 이동 기간이 약 40일이라는 것은 우리를 놀라게 합니다. 설 연휴 국가 지정 공휴일은 10일 안팎이지만, 1월 중순부터 2월 중순까지, 중국 각지에서 집으로 돌아가 휴식을 취하려는 행렬로 발 디딜 틈이 없습니다. 쉬는 날에는 어디를 가더라도 인산인해이기 때문에, 집이나 근처에서 쉬는 것이 가장 좋은 방법이라고 알려져 있습니다.

유용한 표현

정반의문문에 대한 연습을 조금 더 해보도록 하겠습니다. 이번에는 '간절히
원할 때' 쓰는 조동사 要(yào)를 연습해 보겠습니다.

(你)要不要 + 동사? ~ 원해 안 원해?
(nǐ) yào bu yào   (정반의문문)

要不要去? 갈래 안 갈래?
yào bu yào qù

要不要来? 올래 안 올래?
yào bu yào lái

要不要吃? 먹고 싶어?
yào bu yào chī

想不想(xiǎng bu xiǎng)과 마찬가지로, 要不要(yào bu yào)는
자주 쓰이는 정반의문문입니다. 원칙적으로 想(xiǎng)과
要(yào)는 조동사이기 때문에 뒤에 동사가 와 주어야 하나,
회화체에서는 생략하고 '想不想?' '要不要?' 이렇게도
자주 쓰이니 기억하시기 바랍니다.
想과 要는 중국어에서 사용 빈도 1순위인
글자들이니 연습 많이 하세요.

VOCA 중국의 주요 지역
北京市 běijīngshì 베이징
上海市 shànghǎishì 상하이
香港 xiānggǎng 홍콩
澳门 àomén 마카오
台湾 táiwān 타이완(대만)
天津市 tiānjīnshì 티엔진
重庆市 chóngqìngshì 총칭
山西省 shānxīshěng 산시성
吉林省 jílínshěng 지린성
黑龙江省 hēilóngjiāngshěng 헤이룽장성
江苏省 jiāngsūshěng 장쑤성
浙江省 zhèjiāngshěng 저장성
安徽省 ānhuīshěng 안후이성
福建省 fújiànshěng 푸젠성
山东省 shāndōngshěng 산둥성
河南省 hénánshěng 허난성
四川省 sìchuānshěng 쓰촨성
云南省 yúnnánshěng 윈난성
广东省 guǎngdōngshěng 광둥성
内蒙古 nèiměnggǔ 네이멍구자치구

Q 40시간 동안 기차를 탄다는 게 가능한 일인가요?

네, 그렇습니다. 제가 직접 체험해 보았습니다. 바로 상하이에서 쓰촨성 가는 구간을 느린 기차를 타고 간 것인데요. 기차의 종류에는 여러 가지가 있으나, 그중에 '천천히 가는 기차(慢车, mànchē)'가 있습니다. 평균 시속은 약 40km 정도이며, 이 속도를 크게 벗어나지 않고 장시간 계속 가게 됩니다. 중간중간 간이역에서도 대부분 정차하기 때문에, 중국 구석구석을 자세히 들여다보고 싶은 분들께 권합니다. 한편, 중국의 좌석은 크게 서서 가는 것, 앉아서 가는 것, 누워서 가는 것으로 나누어 볼 수 있습니다. 편하면 편할수록 가격이 비싸며, 앉아서 가는 것은 생각보다 아주 힘듭니다. 경험상 8시간 정도까지는 앉아서 갈 수 있으나, 이 시간이 지나면 가만히 앉아있을 수 없을 정도로 허리가 아파옵니다. 결국 모두 바닥에 앉아서 잠을 청하게 되는데요. 열차가 천천히 움직이기 때문에 바닥에 앉으면 잠이 솔솔 잘 오지요. 장거리 기차 여행이라면 침대 좌석을 추천하며, 대학생이나 젊은 청춘이라면 느린 기차를 타보는 것도 나쁘지 않습니다. 아마 훗날 좋은 추억으로 남을 것입니다.

开车去吧!
차 가지고 가자!

 2-08.mp3

开车去吧!
kāi chē qù ba

有车吗?
yǒu chē ma

我朋友有车!
wǒ péng you yǒu chē

真的吗?
zhēn de ma

恩, 自驾游!
ēn, zì jià yóu

我们来出油费吧!
wǒ men lái chū yóu fèi ba

不用了!
bú yòng le

为什么?
wèi shén me

他不是斤斤计较的人。
tā bú shì jīn jīn jì jiào de rén

我喜欢。
wǒ xǐ huan

차 가지고 가자!
차 있어?
내 친구 차 있어!
진짜?
응, 우리끼리 자유 여행!
기름 값은 우리가 내자.
그럴 필요 없어.
왜?
걔는 짠돌이가 아니야.
맘에 들어.

VOCA

开车 kāichē 운전하다
车 chē 자동차
朋友 péngyou 친구
自驾游 zìjiàyóu 자유 여행
我们 wǒmen 우리
出 chū 내다, 지불하다
油费 yóufèi 기름값
斤斤计较 jīnjīnjìjiào
따지다, 짜게 굴다

고속도로 통행료가 생각보다 비싸요
通行费, tōng xíng fèi

중국의 고속도로 통행료는 생각보다 비쌉니다. 얼마 전에 상하이 근처 죠우산(舟山)이라는 도시에 간 적이 있습니다. 이 도시는 섬이기 때문에 바다 위에 놓은 다리를 건너서 가야 했습니다. 문제는 설치한 다리 구간의 통행료가 비싸다는 데 있었습니다. 당시 지불한 금액이 약 100위안, 우리 돈으로 약 1만 8천 원이었습니다.

약 20분 정도 차를 타고 다리를 건넜는데 우리 돈 1만 8천원이라는 통행료를 지불한 것입니다. 매우 비싸다는 생각이 들었지만 바다 위에 다리를 설치하면서 들었을 비용을 생각하니 이해할 수는 있었습니다. 중국에서는 휘발유 가격이 리터당 150원에서 200원정도 한국보다 저렴한 편이기 때문에 운전하기 유리한 환경이라고 생각할 수도 있지만, 앞서 말한 비싼 고속도로 통행료, 차 번호판 가격 등 전체적인 것을 고려해보면 결코 운전하는 데 비용이 절약되는 환경은 아닙니다.

한편 중국 최초의 고속도로는 1988년에 개통한 상하이 시의 후지아가오수공루(沪嘉高速公路)입니다. 이후로 베이징을 비롯한 대도시에 고속도로가 엄청나게 생겨나기 시작했는데요. 중국 고속도로는 거의 모두 유료입니다. 대부분의 고속도로는 카드 시스템을 채용하고 있어, 운전자는 고속도로 입구에서 카드를 받은 뒤 출구 요금소에서 카드를 반환하고 주행거리에 따른 요금을 지불하면 됩니다.

오늘은 조동사 能(néng)에 대해 배워보겠습니다. 영어의 can(~할 수 있다)에 해당하는 표현이니, 중요하겠지요. 한번 보겠습니다.

我能 + 동사　나 ~할 수 있어
wǒ néng

我能去。 (거기) 나 갈 수 있어.
wǒ néng qù

我能来。 (그때) 나 올 수 있어.
wǒ néng lái

我能吃。 (그 음식) 나 먹을 수 있어.
wǒ néng chī

'~할 수 있다, 가능하다'라는 표현으로 能(가능할 능)을
쓰는데요. 역시 조동사로서, 뒤에 동사가 와주어야 합니다.
이 글자는 부정을 나타낼 때 더 자주 쓰입니다.
'我不能去(나 못 가)' '我不能来(나 못 와)' '我不能吃(나 못 먹어)'
이런 식으로 말입니다. 한편, 能(néng) 역시 회화에서
정반의문문 能不能(néng bu néng)으로 자주 쓰인다는 것
참고하기 바랍니다.

VOCA 중국의 차량번호판	
京 jīng 베이징	
沪 hù 상하이	
港 gǎng 홍콩	
澳 ào 마카오	
台 tái 타이완	
津 jīn 티엔진	
川 chuān 쓰촨	
贵 guì 구이저우	
桂 guì 구이린	
黑 hēi 헤이룽장	
吉 jí 지린	
辽 liáo 랴오닝	
鲁 lǔ 산둥	
蒙 méng 멍구	
闽 mǐn 후젠	
宁 níng 닝샤	
陕 shǎn 산시	
苏 sū 쑤저우	
皖 wǎn 안후이	
湘 xiāng 후난	
新 xīn 신장	
豫 yù 후난	
广 guǎng 광둥	
云 yún 윈난	
浙 zhè 저장	

Q 자동차 번호판만 천만 원이라고 들었는데, 사실인가요?

우리나라에서 차 한대 사려면 돈이 꽤 들지만, 중국에 비하면 아무 것도 아닙니다. 그 이유는 차 값에, 번호판 가격까지 매겨지기 때문입니다. 게다가 베이징이나 상하이 같은 대도시의 번호판을 얻으려면 그 가격이 더욱 엄청나게 올라갑니다. 흔히 인민폐 10만 위안이라고 말을 하는데요. 인민폐로 10만 위안이면 우리 돈 약 1800만 원입니다. 번호판이 웬만한 차 한 대 값인데요. 어떻게 자동차 번호판이 천만 원까지 할까 생각되지만, 그만큼 중국 대도시에 차가 많아 차의 통행량을 억제해야 할 필요성이 커서일 것입니다. 우리나라로 치면 '서울' '경기'에 해당하는 두 글자의 가격이 천만 원인 셈인데요. 이렇게 높은 가격이 매겨져도 거래가 되는 것을 보면, 중국도 참 대단하다는 생각이 듭니다. 중국에서 차를 타려면 정말 많은 비용이 들어가는 것 같습니다.

我的饭我来做!
내 밥은 내가 할래!

🎧 3-01.mp3

我的饭我来做!
wǒ de fàn wǒ lái zuò

突然怎么了?
tū rán zěn me le

想吃韩国菜了。
xiǎng chī hán guó cài le

材料呢?
cái liào ne

大部分都有。
dà bù fen dōu yǒu

没有泡菜啊。
méi yǒu pào cài a

去韩国小区买。
qù hán guó xiǎo qū mǎi

太远了吧!
tài yuǎn le ba

一点儿也不远。
yì diǎnr yě bù yuǎn

随便你!
suí biàn nǐ

- 내 밥은 내가 할래!
- 갑자기 왜?
- 한국 음식이 먹고 싶거든.
- 재료는?
- 대부분 다 있어.
- 김치가 없잖아.
- 한국인 마을 가서 사지 뭐.
- 너무 멀지 않아?
- 조금도 멀지 않아.
- 마음대로 해!

VOCA

做 zuò 하다, 만들다
饭 fàn 밥
突然 tūrán 갑자기
想 xiǎng 하고 싶다
吃 chī 먹다
韩国菜 hánguócài 한국 음식
材料 cáiliào 재료
大部分 dàbùfen 대부분
都 dōu 다, 모두
泡菜 pàocài 김치
韩国小区 hánguóxiǎoqū 코리아타운
买 mǎi 사다
一点儿 yìdiǎnr 조금
随便 suíbiàn 마음대로 하다, 내키는 대로 하다

대형 마트는 아침 7시에 열어요
超市, chāoshì

중국에서 오래 계셨던 분이라면 알 것입니다. 중국 현지 마트는 아침 7시에 오픈합니다. 이는 아침에 일찍 일어나는 중국 사람들의 습관을 반영한 것인데요. 아침 6시면 길거리는 아침 장사하는 사람들로 북적입니다. 한국의 대형 마트가 오전 10시에 연다고 할 때, 아침 7시 오픈은 매우 이른 시간이지요. 저도 한창 요리에 빠졌을 당시, 아침 6시에 일어나 샤워를 하고, 나갈 준비를 하고, 집 앞에 있는 마트에 갔던 기억이 납니다. 아침 6시 50분이 되면, 할머니 할아버지들께서 마트에 들어가려고 입구에 서 계시는데, 그 모습이 너무나도 재미있었습니다. 그냥 여유 있게 7시 조금 넘어서 오면 되지, 왜 굳이 일찍 오셔서 문 앞에 서서 기다릴까 하는 생각도 들었지요. 아침에 가면 사람이 적기 때문에 여유롭게 장을 볼 수 있고, 그날 도착한 신선한 재료를 먼저 구입할 수 있기 때문이라는 건 나중에야 알았습니다.

유용한 표현

오늘은 또 다른 조동사 可以(kěyǐ)를 이용한 표현을 배워봅시다.

我可以 + 동사　나 ~ 할 수 있어
wǒ kěyǐ

我可以去。 (거기) 나 갈 수 있어.
wǒ kěyǐ qù

我可以来。 (그때) 나 올 수 있어.
wǒ kěyǐ lái

我可以吃。 (그 음식) 나 먹을 수 있어.
wǒ kěyǐ chī

조동사 세계에서 가장 많이 쓰이는 것이 바로
이 可以(kěyǐ)입니다.
可以는 단독으로도 많이 쓰이는데, '可以'라고
대답하면 '가능하다, 문제없다'는 뜻이 됩니다.
可以 역시 '可不可以去?' '可不可以来?' 이렇게
정반의문문으로도 자주 쓰인다는 사실 참고하기 바랍니다.
한편, 정반의문문을 나타낼 때 '可以不可以'가 너무
길다하여 앞 글자의 以를 생략하고 '可不可以(kěbukěyǐ)'로
자주 쓰인다는 것도 참고하면 좋겠습니다.

VOCA 채소	
生菜 shēngcài 상추	
大蒜 dàsuàn 마늘	
洋葱 yángcōng 양파	
大葱 dàcōng 대파	
泡菜 pàocài 김치	
大白菜 dàbáicài 배추	
生姜 shēngjiāng 생강	
蘑菇 mógū 버섯	
金针菇 jīnzhēngū 팽이버섯	
黄瓜 huángguā 오이	
萝卜 luóbo 당근	
土豆 tǔdòu 감자	
红薯 hóngshǔ 고구마	
番茄 fānqié 토마토	
茄子 qiézi 가지	
菠菜 bōcài 시금치	
绿豆 lǜdòu 녹두	
卷心菜 juǎnxīncài 양배추	
韭菜 jiǔcài 부추	
西兰花 xīlánhuā 브로콜리	
黄豆芽 huángdòuyá 콩나물	

중국이 궁금해요!

Q 중국에서 한국 식재료 구입이 가능한가요?

가능합니다. 중국에 가면 얼마 지나지 않아 한국 요리가 생각나는 것이 사실입니다. 그래서 코리아타운에 가게 되지만, 한국에서 맛보던 그 맛과는 달라 실망하게 되는 경우가 종종 있습니다. 그래서 직접 요리를 하는 경우가 많은데요. 일단 채소는 쌉니다. 로컬 마트나 시장을 이용한다면 더욱 저렴하게 구입할 수 있습니다. 채소의 종류도 우리보다 많아서 부담 없이 원하는 재료 넣어가면서 요리할 수 있습니다. 문제는 우리나라 음식에만 들어가는 소스인데요. 이것은 코리아타운에 가셔야 합니다. 고추장, 진간장, 매실청, 멸치액젓 등 우리 소스는 반드시 코리아타운에 가야 구입할 수 있습니다. 한국소스만 준비되어 있다면 중국은 요리의 천국이라고 해도 과언이 아닐 것입니다. 그만큼 채소가 저렴하고 풍부하기 때문입니다. 중국은 돼지고기, 소고기, 닭고기, 오리고기 등 모든 육류의 가격 또한 한국보다 저렴히기 때문에 요리하기에는 더 없이 좋은 환경입니다.

我要去医院了。

병원에 가봐야 할 것 같아.

🎧 3-02.mp3

○ 我要去医院了。
wǒ yào qù yī yuàn le

○ 哪儿不舒服？
nǎr bù shū fu

○ 想呕吐。
xiǎng ǒu tù

○ 没事吧。
méi shì ba

○ 明天一大早就得去。
míng tiān yí dà zǎo jiù děi qù

○ 要空腹去。
yào kōng fùqù

○ 为什么？
wèi shén me

○ 可能要做胃镜。
kě néng yào zuò wèi jìng

○ 不会那么严重吧？
bú huì nà me yán zhòng ba

○ 希望你没事。
xī wàng nǐ méi shì

● 병원에 가봐야 할 것 같아.
● 어디 아파?
● 토할 것 같아.
● 괜찮은 거지?
● 내일 아침 일찍 가야겠어.
● 빈속으로 가.
● 왜?
● 내시경 검사를 할 수도 있어.
● 심각한 것 아니겠지?
● 이상 없길 바랄게.

VOCA

医院 yīyuàn 병원
不舒服 bùshūfu 불편하다
呕吐 ǒutù 토하다
没事 méishì 무사하다, 이상없다
明天 míngtiān 내일
一大早 yídàzǎo 이른 아침에
得 děi ～해야 한다
空腹 kōngfù 공복
胃镜 wèijìng 위 내시경
那么 nàme 그렇게
严重 yánzhòng
(상태 따위가) 심각하다
希望 xīwàng 바라건대

상태가 좋지 않은 사람들이 많아요

亚健康, yàjiànkāng

亚健康(yàjiànkāng)은 '건강과 질병의 중간 상태'를 나타내는 말로, '겉으로는 건강해 보이지만 상태가 좋지 않은 현대인들'을 일컫습니다. 생활 패턴이 빨라지면서 패스트푸드를 찾는 사람들이 늘어났고, 허겁지겁 순식간에 밥을 먹는 사람들도 늘어났습니다. 야간 업무를 하고 낮에 자는 사람들도 많아졌으며, 제때에 규칙적인 식사를 하지 않고 폭식을 일삼는 사람들도 많아졌지요. 그 결과 여러 가지로 몸에 무리를 주게 되는데요. 병원에 가도 특별한 병명이 없고, 항상 피곤하고 몸이 불편한 상태가 계속되는데, 이를 亚健康(제2의 건강 상태) 혹은 中间状态(중간 상태), 第三状态(제3의 상태)에 있다고 말합니다. 이는 특별한 질병이 있는 것이 아니라 단지 일시적으로 상태가 좋지 않은 것으로, 밤에 자고, 낮에 활동하고, 규칙적인 식사를 하고, 폭식을 삼가며, 식사 시간을 늘리는 등 사소한 변화만 주어도 대부분 개선될 수 있습니다.

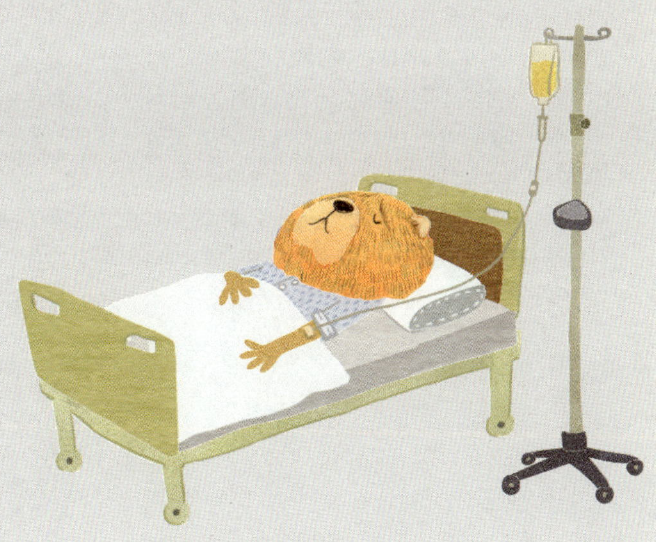

질문에 대답할 때 어떠한 표현들이 있는지 한번 보겠습니다. 먼저 긍정 대답 표현입니다.

是的。 그래, 맞아요.
shì de

对的。 맞아요.
duì de

好的。 좋아요.
hǎo de

긍정으로 대답할 때 가장 대표적인 글자는 是(그렇다 시)입니다. 한 글자로 是(shì) 라고 대답해도 되지만, 두 글자, 한 쌍을 좋아하는 중국어의 특성상 뒤에 的를 붙여주어 是的(shì de)라고 표현합니다. 对(duì) 역시 상대방의 말에 공감할 때 자주 쓰이는 글자인데 뒤에 的를 붙여 쓸 수도 있습니다. 또한, 한 글자를 세 번 반복해서 '是是是(shìshìshì)' '对对对(duìduìduì)' '好好好(hǎohǎohǎo)'이렇게도 말하는데, 강조하거나 격하게 공감할 때 쓰는 표현입니다.

VOCA 병원에서

手 shǒu 손
脚 jiǎo 발
冷 lěng 차갑다
头疼 tóuténg 머리가 아프다
肚子疼 dùziténg 배가 아프다
拉肚子 lādùzi 설사를 하다
呕吐 ǒutù 구토를 하다
消化不良 xiāohuàbùliáng 소화불량
吃药 chīyào 약을 먹다
没用 méiyòng 소용이 없다
验血 yànxuě 피 검사를 하다
综合检查 zōnghéjiǎnchá 종합검진
拍照 pāizhào 사진을 찍다
费用 fèiyòng 비용
医保卡 yībǎokǎ 의료보험카드
胃炎 wèiyán 위염
肝炎 gānyán 간염
肠炎 chángyán 장염

Q 중국 병원에서 진료 보기가 힘든가요?

네, 그렇습니다. 5년 전 중국에서 유학할 당시 몸이 아파서 현지 병원에 갔던 기억이 납니다. 배가 아팠는데 진료를 받기 위해 2시간 정도 기다렸습니다. 현지 한국 병원을 가신다면 덜 기다릴 수는 있겠지만, 비용이 만만치 않아서 중국 병원을 찾게 되는 경우가 많습니다. 반면에 중국 현지 병원은 검사 비용이 비싸지는 않지만, 기다리다 지치는 경우가 있습니다. 인구가 많다보니 어쩔 수 없는 현상인 것 같은데요. 중국도 의료기기가 대부분 선진화 되어 있어서 큰 병원에 가신다면 좋은 진료를 받을 수 있습니다. 평소 병원이나 신체 관련 어휘를 조금만 익혀두면 의사소통하는 데 큰 도움이 될 것입니다.

你就忍一忍吧。

그냥 조금 참아.

🎧 3-03.mp3

去哪儿剪呢?
qù nǎr jiǎn ne

别剪了吧!
bié jiǎn le ba

我就想剪啊!
wǒ jiù xiǎng jiǎn a

回去剪更便宜!
huí qu jiǎn gèng pián yi

是吗?
shì ma

你就忍一忍吧。
nǐ jiù rěn yi rěn ba

我想剪, 怎么办?
wǒ xiǎng jiǎn,　zěn me bàn

随便你!
suí biàn nǐ

- 머리를 어디서 깎지?
- 깎지 마!
- 그냥 깎고 싶다고!
- 돌아가서 자르면
  더 싸잖아!
- 그런가?
- 그냥 조금 참아.
- 깎고 싶은데 어떻게
  하지.
- 니 맘대로 해!

VOCA

就 jiù 그냥, 잠자코
忍 rěn 참다
剪 jiǎn 자르다
别 bié ~하지 마
更 gèng 더
怎么办? zěnmebàn
　　　　어떻게 하지?

오늘 번 돈은 오늘 써요

月光族, yuèguāngzú

'버는 족족 다 써버리는 무리'라는 뜻의 月光族(yuèguāngzú)는 최근 새로 생긴 신조어입니다. 일에 대한 스트레스가 많은 젊은이들은 월급날만 손꼽아 기다리는데, 막상 월급이 들어오면 주체하지 못하고 다 써버리는 경향이 있습니다. 이렇다보니 며칠 지나지 않아 통장이 제자리로 돌아오는데 20~30대 여성에게서 많이 나타나며, 최근에는 연령층을 가리지 않고 나타나는 경향이 있습니다. 저축을 해봤자 큰돈이 되지 못한다는 생각, 아무리 저축을 해도 집을 사기에는 턱없이 부족하다는 생각 등이 젊은이들의 소비를 부추기고 있습니다. 중국을 비롯해 전 세계적으로 이처럼 오늘만 사는 젊은이들이 갈수록 늘고 있는 추세입니다.

긍정형 대답 표현에 이어 부정형 대답 표현을 보겠습니다. 부정을 나타내는 글
자로 不(bù)가 있다고 했지요.

不是。 아니야, 틀렸어.
bú shì

不对。 틀렸어.
bú duì

不要。 싫어, 안 할래.
bú yào

중국어에서 부정을 나타내는 글자로 不(bù)가 대표적이며,
이와 더불어 没有(méiyǒu)라는 표현이 있습니다.
부정 문장에 이 두 표현 중 하나가 등장할 확률이 거의
99%에 가깝다고 할 만큼 자주 쓰이니 참고하기 바랍니다.
不 역시 강조할 때 반복하여 '不不不(bùbùbù)'라고
말하기도 합니다. 이 밖에도 '不行(bù xíng)' '不好(bù hǎo)'
'不可能(bù kě néng)' 등 관련 표현이 많으니
꾸준히 연습해 보세요.

VOCA 공공장소		
理发店	lǐfàdiàn	이발소
医院	yīyuàn	병원
超市	chāoshì	슈퍼마켓
文具店	wénjùdiàn	문방구
干洗店	gānxǐdiàn	세탁소
学校	xuéxiào	학교
银行	yínháng	은행
提款机	tíkuǎnjī	ATM 기기
邮局	yóujú	우체국
饭店	fàndiàn	식당
餐厅	cāntīng	식당
桑拿	sāngná	사우나
酒吧	jiǔbā	술집
网吧	wǎngbā	PC방
停车场	tíngchēchǎng	주차장
地铁站	dìtiězhàn	지하철 역
火车站	huǒchēzhàn	기차역
体育中心	tǐyùzhōngxīn	체육센터
体育馆	tǐyùguǎn	체육관

중국이 궁금해요!

Q 중국에서 외국인 티를 내면 안 좋은가요?

'코리아타운 소매치기'는 예나 지금이나 빈번하게 일어나고 있습니다. 해외에서 장기간 생활할 경우, 한국인 티를 내는 것이 그리 좋은 일만은 아닙니다. 일단 범죄의 표적이 될 수 있고, 물건을 사거나 흥정할 때 낭패를 볼 수 있기 때문입니다. 저는 중국에 가면 옷과 패션을 현지인 스타일로 맞춥니다. 자연스럽게 현지인들과 동화되려고 노력하지요. 로마에 가면 로마법을 따르라는 말처럼, 중국에서는 중국인들과 동화되면서 사는 것이 가장 아름다운 모습인 것 같습니다. 여성들은 화장 스타일 때문에 한국인 티가 더 나기도 하는데, 중국에서는 너무 꾸미지 않는 것이 좋습니다. 중국인들은 짙은 화장을 하지 않고 자연스럽게 다니는 것에 익숙해서 화장에 신경을 쓰는 한국인들은 현지에서 쉽게 알아볼 수 있습니다.

今年不回去了。
올해는 안 가려고.

🎧 3-04.mp3

过年回家吗?
guò nián huí jiā ma

今年不回去了。
jīn nián bù huí qù le

为什么?
wèi shén me

机票太贵了。
jī piào tài guì le

这倒是。
zhè dào shì

而且假期也不长。
érqiě jiàqī yě bùcháng

只休息一个星期。
zhǐ xiū xi yí ge xīng qī

你回去吗?
nǐ huí qù ma

我还在考虑中。
wǒ hái zài kǎo lǜ zhōng

- 설날에 한국 갈 거야?
- 올해는 안 가려고.
- 왜?
- 표가 너무 비싸.
- 그건 그래.
- 연휴가 며칠 되지도 않고.
- 일주일밖에 안 쉬잖아.
- 넌 갈 거야?
- 나도 아직 생각 중이야.

VOCA

今年 jīnnián 올해
过年 guònián 새해, 설날
回家 huíjiā 집에 가다
机票 jīpiào 비행기 표
而且 érqiě 게다가, 더욱이
假期 jiàqī 연휴, 휴일
长 cháng 길다
只 zhǐ 단지, 오직
休息 xiūxi 쉬다
还 hái 아직, 여전히
在 zài ~하는 중이다
考虑 kǎolǜ 생각하다, 고심하다

설 연휴는 길어요
春运, chūnyùn

'민족 대이동'이라는 뜻을 가진 春运(chūnyùn)은 春节运输
(chūnjiéyùnshū)의 줄임말입니다. 중국에서만 볼 수 있는 독특한 현상
인데, 설날 전후 40일 정도의 '장기간 민족 대이동 현상'을 말합니다.
이 기간 동안 사람들은 고향으로 가기 위해 기차표를 찾는데, 인구
가 많다 보니 표 구하기가 하늘의 별따기입니다. 기차역이 인산인해
로 발 디딜 틈이 없는 것은 물론이거니와, 돌아가기를 포기한 사람들
도 볼 수 있습니다. 설 연휴 동안 공공기관은 대체 공휴일을 포함하
여 10일 정도 쉬는 것이 일반적이나, 일반 노동자는 고향으로 돌아
가 한 달 정도 휴식을 취하고 일터로 돌아오는 것이 관습입니다.

유용한 표현

부정을 나타내는 대표 글자로 不(bù)와 没有(méiyǒu)가 있다고 배웠습니다.
오늘은 没有(méiyǒu)에 대해 살펴보겠습니다.

我没(有) + 동사　~ 안 했어 / ~ 안 했다니까
wǒ méi (yǒu)

我没有吃。 (내가) 안 먹었어.
wǒ méi yǒu chī

我没有去。 (거기) 안 갔어.
wǒ méi yǒu qù

我没有买。 (그거) 안 샀어.
wǒ méi yǒu mǎi

没有(méi yǒu)의 본래 뜻은 '없다'에서 출발합니다. 有(yǒu)가
'있다'는 뜻이고, 没有(méiyǒu)는 '없다'는 뜻인데요.
没有는 이 밖에 '하지 않았어, 안 했어'라는 부정의 뜻으로도
쓰입니다. '吃饭了吗(밥 먹었어)?'라는 물음에 '没有'라고
대답하면 '안 먹었어'가 되고, '你去了吗(너 갔었어)?'라는
물음에 '没有'라고 대답하면 '안 갔다'는 말이 되는 것입니다.
이처럼 没有는 부정을 표현할 때, 단독으로 많이 쓰입니다.
또한, 뒤 글자 有를 생략하여 '我没吃' '我没去' '我没买'
이렇게도 자주 쓰이니 참고하세요.

VOCA 중국의 공휴일	
春节 chūnjié	설날
清明节 qīngmíngjié	청명절(4월 5일)
劳动节 láodòngjié	노동의 날(5월 1일)
儿童节 értóngjié	어린이 날(6월 1일)
中秋节 zhōngqiūjié	추석
国庆节 guóqìngjié	국경일(10월 1일)
平安夜 píngānyè	크리스마스 이브 (12월 24일)
圣诞节 shèngdànjié	크리스마스(12월 25일)
在家休息 zàijiā xiūxi	집에서 쉬다
出去玩儿 chūqù wánr	나가서 놀다
出去吃饭 chūqù chīfàn	나가서 외식하다
人山人海 rénshān rénhǎi	인산인해

중국이 궁금해요!

Q 설 기차표는 언제부터 예매가 가능한가요?

보통 설 연휴 두 달 전, 그러니까 연말연시부터 판매에 들어갑니다. 이미 설 연휴 한 달 전 매진되는 경우가 많고, 연휴가 다가올수록 역 앞에는 암표상들로 가득합니다. 한편, 국가 지정 설 연휴 공휴일은 10일 안팎에 불과하지만, 대개 일반 비정규직 노동자들은 1월부터 2월까지 대대적인 휴식에 들어갑니다. 고향으로 돌아가 푹 쉬고 와도 얼마든지 일자리를 구할 수 있기 때문인데, 그래서인지 중국 대도시에서의 1월과 2월은 도시 전체가 텅텅 비어버린 느낌을 주는 것도 모자라 쓸쓸하기까지 합니다. 이 기간에 거리의 가게는 대부분 문을 닫으며, 푹 쉬고 돌아와 언제 다시 문을 열겠다는 종이 한 장만이 문 앞에 붙어있습니다.

空气怎么了?
공기가 왜 이래?

 3-05.mp3

空气怎么了?
kōng qì zěn me le

快点买个口罩吧!
kuài diǎn mǎi ge kǒu zhào ba

没有了。
méi yǒu le

什么?
shén me

已经卖完了。
yǐjīng mài wán le

什么时候会好起来呢?
shén me shí hou huì hǎo qǐ lái ne

谁也不知道!
shéi yě bù zhī dào

我想回韩国。
wǒ xiǎng huí hán guó

不是马上就要回去吗?
bú shì mǎ shàng jiù yào huí qù ma

我想念蓝天和大海。
wǒ xiǎng niàn lán tiān hé dà hǎi

- 공기가 왜 이래?
- 빨리 마스크 사!
- 없대.
- 뭐라고?
- 이미 다 팔렸대.
- 언제쯤 좋아질까?
- 아무도 모르지!
- 한국 가고 싶다.
- 곧 갈 거잖아?
- 파란 하늘과 바다를 보고 싶네.

VOCA

空气 kōngqì 공기
口罩 kǒuzhào 마스크
卖 mài 팔다
完 wán 끝나다
什么时候 shéme shíhou
　　　언제, 언제쯤
会 huì 할 것이다
谁 shéi 누구
不知道 bùzhīdào
　　　모른다, 알 수 없다
马上 mǎshàng 머지않아, 곧
想念 xiǎngniàn
　　　보고싶다, 그리워하다
蓝天 lántiān 파란 하늘
和 hé ～와
大海 dàhǎi 넓은 바다

앞이 안보여요
雾霾天气, wùmái tiānqì

雾霾(wùmái)는 '안개가 깊고 미세먼지가 낀'이라는 신조어입니다. 안개처럼 보이는 이것이 사실 미세먼지인데요. 최근 들어 중국 도시에서는 급속한 발전과 함께 미세먼지가 기승을 부리기 시작하였습니다. 이 문제는 전국적으로 확대되고 있어서 사람들의 옷차림에는 자연스럽게 마스크라는 항목이 하나 더 추가되었습니다. 이러한 **雾霾天气**(wùmái tiānqì) 현상이 계속 될 경우, 호흡기 질환을 비롯해 건강에 치명적인 영향을 줄 수 있어 조속한 대처가 필요해 보입니다. 한 치 앞이 보이지 않는 안개는 운전자의 시야에도 영향을 주어, 사고발생률을 높일 수 있습니다.

유용한 표현

오늘은 有(yǒu)에 대해 알아보겠습니다. 有(있을 유, 존재할 유)는 말 그대로 '있다'라는 뜻입니다. 한번 보겠습니다.

我有 + 명사 나는 ~ 있어
wǒ yǒu

我有哥哥。 나는 형이 있어.
wǒ yǒu gē ge

我有姐姐。 나는 누나가 있어.
wǒ yǒu jiě jie

我有妹妹。 나는 여동생이 있어.
wǒ yǒu mèi mei

존재의 유무를 나타내는 표현입니다. 있으면 有(yǒu) 없으면 没有(méiyǒu)를 쓰면 됩니다. 위 문장에 부정문 没有를 넣어서도 연습해 보세요. 참고로 没有는 뒤 글자 有를 생략하고, 没(méi) 한 글자로도 많이 쓰이니 참고하시기 바랍니다. 정반의문문으로 만들어 '有没有哥哥?(형 있어?)' '有没有姐姐?(누나 있어?)' 같은 방법으로도 연습해보기 바랍니다.

VOCA 보통날	
起床 qǐchuáng 일어나다	
洗脸 xǐliǎn 세수하다	
刮胡子 guāhúzi 면도하다	
洗澡 xǐzǎo 샤워하다	
穿衣服 chuānyīfu 옷을 입다	
泡咖啡 pàokāfēi 커피를 타다	
喝咖啡 hēkāfēi 커피를 마시다	
出门 chūmén 집을 나서다	
上班 shàngbān 출근하다	
堵车 dǔchē 차가 막히다	
压力 yālì 스트레스	
迟到 chídào 지각하다	
幸福指数 xìngfúzhǐshù 행복지수	
下降 xiàjiàng 떨어지다	
工作 gōngzuò 일을 하다	
加班 jiābān 야근하다	
下班 xiàbān 퇴근하다	
做菜 zuòcài 음식을 만들다	
洗碗 xǐwǎn 설거지하다	
洗衣服 xǐyīfu 빨래하다	
打扫 dǎsǎo 청소하다	

Q 중국도 최저임금제도가 있나요?

그렇습니다. 2016년 기준, 한국의 최저임금은 6천 원 선입니다. 중국은 현재 절반 수준인 한화 3천 5백 원(20위안) 선에 머무르고 있습니다. 지역마다 차이가 있으나, 수도인 베이징이 20위안 정도인 것으로 볼 때 중국 평균을 20위안, 즉 한화 약 3천 5백 원 정도로 봐도 무방할 것 같습니다. 아직까지도 인건비가 저렴한 편인 중국이기에 어느 식당을 가나 종업원이 많은 모습을 볼 수 있는데요. 중국에 거주하는 한국 분들은 종종 집에 도우미를 두어 가사를 분담하는 경우도 볼 수 있습니다. 한편, 대학을 졸업한 중국인의 평균 월급은 5000위안(한화 약 90만 원) 정도인데요. 물가가 우리보다 싼 것을 고려하면, 우리가 받는 수준과 별 차이 없다고 볼 수 있습니다. 중국도 점점 생활 수준이 향상되면서, 임금이 매년 지속적으로 오르고 있습니다.

东西整理了吗?

짐 정리 다했어?

3-06.mp3

- **东西整理了吗?**
  dōng xi zhěng lǐ le ma

- **我的差不多了。**
  wǒ de chà bù duō le

- **我东西太多了。**
  wǒ dōng xi tài duō le

- **不需要的就扔吧!**
  bù xū yào de jiù rēng ba

- **太舍不得了!**
  tài shě bù de le

- **快递费也不便宜。**
  kuài dì fèi yě bù pián yi

- **邮局在哪儿?**
  yóu jú zài nǎr

- **学校对面。**
  xué xiào duì miàn

- **中午休息吗?**
  zhōng wǔ xiū xi ma

- **不休息。**
  bù xiū xi

- 짐 정리 다했어?
- 거의 다 됐어.
- 난 짐이 너무 많아.
- 필요 없는 건 버려!
- 너무 아까워!
- 택배비가 더 나오겠다.
- 우체국이 어디 있지?
- 학교 맞은편에.
- 점심시간에 쉬나?
- 안 쉬어.

VOCA

东西 dōngxi 물건
整理 zhěnglǐ 정리하다
差不多 chàbùduō 거의 다 되다, 완성하다
需要 xūyào 필요하다
扔 rēng 버리다
舍不得 shěbùde 아까워하다
快递费 kuàidìfèi 택배비
邮局 yóujú 우체국
在 zài ~에 있다
学校 xuéxiào 학교
对面 duìmiàn 맞은편
中午 zhōngwǔ 점심, 낮

중국, 바람을 일으키다

中国风, zhōngguófēng

지금 세계에는 그야말로 중국 붐이 일고 있습니다. 전자 제품부터 시작해서 어느 물건을 봐도 'made in china'가 아닌 것이 없으니, 중국 경제가 세계를 지배한다고 해도 과언이 아닙니다. 중국산 제품이 값싼 노동력에 질까지 더해지고 있으니, 그 누구도 무시할 수 없는 강대국으로 성장해버린 것이지요. 14억에 육박하는 인구, 넓고 풍부한 자원, 거대한 자금은 중국이 발전하고 있는 크나큰 원동력입니다. 이러한 중국 붐을 中国风(zhōngguófēng)이라고 합니다. 말 그대로 '중국 바람'이라는 뜻인데요. 제가 어릴 적만 하더라도 중국 제품이 그다지 많지 않았습니다만, 최근 몇 년 사이에 중국 제품이 부쩍 눈에 띄더니, 어느 순간부터는 물건의 대부분이 중국산 제품이 되어버렸습니다. 세계 어디를 가도 마찬가지입니다. G2를 넘어 G1으로 성장해 가는 중국을 바라봅니다.

유용한 표현

오늘은 여러 가지 동사를 가지고 의문문을 만들어 보겠습니다.

주어 + 동사, 형용사 + **吗?**　~할 거야? 그래?
　　　　　　　　　　　ma

你忙吗?　너 바빠?
nǐ máng ma

你吃吗?　먹을래?
nǐ chī ma

他帅吗?　걔 잘생겼어?
tā shuài ma

회화에서는 주어도 생략하고 말하는 경우가 많습니다.
이 밖에도 买(mǎi), 去(qù), 来(lái), 喝(hē), 听(ting), 看(kàn),
会(huì) 등 자주 쓰이는 동사들을 넣어 연습해 보세요.
또한 모든 의문문은 정반의문문으로도 가능합니다.
'忙不忙(máng bu máng)?' '吃不吃(chi bu chǐ)?'
'帅不帅(shuài bu shuài)?'등 동사와 형용사를 가지고
정반의문문을 만들어서 연습해 보세요.
회화 실력이 쭉쭉 올라갑니다.

VOCA 때와 시간
今天 jīntiān 오늘
明天 míngtiān 내일
后天 hòutiān 모레
昨天 zuótiān 어제
前天 qiántiān 그저께
今年 jīnnián 올해
明年 míngnián 내년
后年 hòunián 후년
去年 qùnián 작년
前年 qiánnián 재작년
白天 báitiān 낮
下午 xiàwǔ 오후
晚上 wǎnshang 저녁
平日 píngrì 평일
周末 zhōumò 주말
点 diǎn 시
分 fēn 분
秒 miǎo 초
半 bàn 30분
整 zhěng 정각
一刻 yíkè 15분

Q 중국도 야구를 하나요?

야구는 우리나라에서 남녀노소에게 사랑받는 국민 스포츠로 자리 잡았습니다. 그렇다면 중국은 어떨까요? 중국은 아직까지 야구가 대중화되지 못했습니다. 땅이 넓고 빈터가 많아 야구를 하기에는 적합한 조건이나, 아직까지 야구가 무슨 스포츠인지 모르는 사람이 더 많을 정도입니다. 조그마하게 아마추어 리그는 운영되나, 공식적으로 프로 리그는 운영되지 않고 있습니다. 저 역시 야구를 좋아해서 중국에서 즐겨 했는데요. 땅이 넓고 빈터가 많으니 한국보다 훨씬 야구하기 좋은 환경이었습니다. 아마 점점 더 외국 문물을 받아들이고 있는 중국에서도 머지않아 야구 산업이 발전할 것 같습니다. 그렇게 된다면 엄청난 개수의 구장과 프로 팀을 자랑하겠지요. 최소한 중국은 야구장 지을 땅 만큼은 엄청나게 많으니 말입니다.

给我买礼物。

선물 사 줘.

🎧 3-07.mp3

○ 网上买便宜吗？
wǎng shàng mǎi pián yi ma

○ 比实体店便宜。
bǐ shí tǐ diàn pián yi

○ 给我买礼物。
gěi wǒ mǎi lǐ wù

○ 今天几号？
jīn tiān jǐ hào

○ 八号。
bā hào

○ 马上要'双十一'了。
mǎ shàng yào 'shuāng shí yī' le

○ 双十一？
shuāng shí yī

○ 那天全网半价。
nà tiān quán wǎng bàn jià

○ 那就等几天吧。
nà jiù děng jǐ tiān ba

● 인터넷으로 사면 싸?
● 오프라인보다는 싸지.
● 선물 사 줘.
● 오늘 며칠이야?
● 8일.
● 곧 '11월 11일'이네.
● 11월 11일?
● 그날 모든 사이트에서
  반값 세일을 해.
● 그럼 며칠 기다리지 뭐.

사이버 폭력은 세계적인 문제예요

网络暴力, wǎngluòbàolì

사이버 폭력이라는 뜻을 담고 있는 网络暴力(wǎngluòbàolì)는 비단 한 국의 문제만은 아닙니다. 최근 급속한 산업 성장과 문화 개방으로 중국에서도 '댓글의 자유화'가 실현되었습니다. 건강한 댓글 문화는 때와 장소를 넘어서 다양한 의견을 주고받을 수 있는 긍정적인 측면이 있는 반면, 익명성에 기대는 일부 몰지각한 사람들이 무분별한 글을 올려 다른 사람들을 불쾌하게 만들고 심지어 큰 상처를 주기도 하지요.

중국에서도 연예인이나 유명 인사를 과도하게 비판하는 댓글들이 심각한 사회문제로 떠오르고 있습니다. 안타깝게도 자신을 비난하는 댓글을 보고 극단적인 선택을 하는 인사들까지 생겨나고 있는데요. 그래서인지 중국에서는 얼마 전까지 성황리에 방영된 한 가족 동반 출연 프로그램 방영이 모두 중단되었습니다. 프로그램에 출연하는 자녀들이 시청자들의 무분별한 반응을 보고 좋지 않은 영향을 받을 수 있다고 판단한 것입니다.

이러한 여러 문제가 있다 보니 중국 정부도 온라인 개방의 정도를 놓고 고심하고 있는 것으로 보입니다. 한 예로 중국에서는 페이스북 접속이 불가능한데, 개방화로 인한 부작용을 우려해서겠지요. 한국에서 들여온 인기 프로그램을 어린 출연자들의 정서에 영향을 미친다고 통제한 것을 보면, 중국 정부가 사이버 문제에 얼마나 관심을 가지고 있는지를 짐작해 볼 수 있습니다.

오늘은 '완료형 표현'에 대해 배워 보겠습니다.

你 + 동사 + 了吗? 너 ~했어? 그랬어?
nǐ   le ma

你吃了吗? 밥 먹었어?
nǐ chī le ma

你去了吗? 너 갔어?
nǐ qù le ma

你来了吗? 너 왔어?
nǐ lái le ma

바로 了(끝마칠 료, 종료 료) 가 주인공인데요. 了(le)가 오면 동작의 상태 완료를 나타냅니다. 보통 동사 뒤에 위치해서 그 상황을 완료해주는 역할을 하지요. 위와 같은 물음에 대답은 '吃了(chī le)' '去了(qù le)' '来了(lái le)' 이렇게 할 수 있겠는데요. 了의 존재 여부가 문맥을 파악하는 데 굉장히 중요하니 잘 봐 주기 바랍니다. 더불어 모든 동사 뒤에 了를 붙여서 읽어 보는 연습도 해 보기 바랍니다. 중국어 문장을 잘 이해하려면 了와 친해져야 할 것입니다.

VOCA 디지털 시대

家电 jiādiàn 가전
产品 chǎnpǐn 제품
电脑 diànnǎo 컴퓨터
电视 diànshì TV
电话 diànhuà 전화
号码 hàomǎ 번호
打电话 dǎ diànhuà 전화하다
手机 shǒujī 휴대폰
开机 kāijī (휴대폰을) 켜다
关机 guānjī (휴대폰을) 끄다
发短信 fā duǎnxìn
　　　　문자를 보내다
彩电 cǎidiàn 컬러 TV
冰箱 bīngxiāng 냉장고
空调 kōngtiáo 에어컨
洗衣机 xǐyījī 세탁기
吹风机 chuīfēngjī
　　　　헤어 드라이어
风扇 fēngshàn 선풍기
免费网络 miǎnfèiwǎngluò
　　　　무료 인터넷
蓝牙 lányá 블루투스
屏幕 píngmù 모니터

중국이 궁금해요!

Q 중국 휴대폰, 괜찮을까요?

얼마 전 어느 가게에서 중국산 휴대폰을 판매했습니다. 판매를 시작한 지 3시간이 채 되지 않아 물건이 동이 났는데요. 우리나라 휴대폰에 비해 가격 경쟁력이 있어서인지 중국산 휴대폰이 불티나게 팔렸습니다. 중국산 휴대폰의 장점은 가격이 저렴하다는 것입니다. 국내 휴대폰에 비해 많이 싸고, 성능에서도 큰 차이가 나지 않아 환영을 받은 것이라 생각합니다. 사실 휴대폰의 기능은 거기서 거기이기 때문에 한국산이나 중국산이나 큰 차이가 나지 않습니다. 중요한 것은 가격인데, 현재 우리나라 휴대폰의 가격이 결코 싸지 않다고 여겨지고 있기에 이렇게까지 중국산 휴대폰이 환영을 받는 듯합니다. 사람들은 설사 중국산 휴대폰을 쓰다가 1년 뒤에 고장 난다고 하더라도 크게 손해가 없다고 생각합니다.

你肯定经常去。

자주 가나보네.

🎧 3-08.mp3

- 去做足浴吧!
  qù zuò zú yù ba

- 贵不贵?
  guì bu guì

- 不贵。
  bú guì

- 做得好不好?
  zuò de hǎo bu hǎo

- 很好!
  hěn hǎo

- 你肯定经常去。
  nǐ kěn dìng jīng cháng qù

- 偶尔去。
  ǒu ěr qù

- 발 마사지 받으러 가자!
- 비싸?
- 안 비싸.
- 잘해?
- 예술이지!
- 자주 가나 보네.
- 가끔 가.

VOCA

肯定 kěndìng 분명히
经常 jīngcháng 자주
足浴 zúyù 족욕, 발마사지
做 zuò 하다, 받다
好 hǎo 좋다, 마음에 들다
很 hěn 매우, 몹시
偶尔 ǒuěr 가끔

발 마사지는 힐링이에요

保健按摩, bǎo jiàn àn mó

마사지로 유명한 나라가 여럿 있지만, 중국도 빼놓을 수 없습니다. 중국 어느 곳을 가던지 마사지숍을 쉽게 찾아볼 수 있고, 조금 큰 곳으로 가면 수준급 이상의 마사지를 받을 수 있습니다. 중국이 일찍이 발 마사지, 전신 마사지 등 보건 산업에 공을 들이고 있어서인데, 직원들은 모두 일정 수준 이상의 전문적인 교육을 받고 손님을 맞이합니다. 마사지는 기본적으로 혈(穴) 자리를 토대로 한 것이어서, 스트레스를 풀어주는 데 이보다 더 좋은 방법은 없습니다. 우리나라에서는 인건비 문제로 대중화되지 못하고 있으나, 중국에서는 부담 없이 받을 수 있는 것이 발 마사지입니다. 발 마사지 60분에 60위안(한화 1만 원) 정도가 일반적이며, 큰 곳으로 가시면 60분에 80위안(한화 약 1만 3천 원) 정도 합니다. 중국에서 받는 발 마사지는 분명 우리에게 휴식이 되어줄 것입니다.

유용한 표현

이번에는 과거의 경험을 묻는 표현에 대해 알아보겠습니다.

你 + 동사 + 过吗? ~한 적 있어? / 해본 적 있어?
nǐ   guò ma

你去过吗? (거기) 가본 적 있어?
nǐ qù guò ma

你来过吗? (여기) 와본 적 있어?
nǐ lái guò ma

你吃过吗? (그거) 먹어 봤어?
nǐ chī guò ma

바로 过(지날 과, 과거 과)가 주인공입니다. 동사 뒤에 过(guò)가 오면, 과거의 경험을 묻는 표현이 됩니다. 대답 역시 '我去过(가 봤어)' '我来过(와 봤어)' '我吃过(먹어 봤어)' 이렇게 해주면 됩니다. 동사 뒤에 过를 넣어서 과거의 경험을 묻는 표현도 연습해 봅시다.

VOCA 마사지숍

欢迎光临 huānyíng guānglín
　　어서오세요

办卡 bànkǎ 카드를 만들다

会员卡 huìyuánkǎ 회원 카드

优惠 yōuhuì 혜택, 할인

套餐 tàocān 세트

全身按摩 quánshēn ànmó
　　전신 안마

精油开背 jīngyóu kāibèi
　　아로마 마사지

指压 zhǐyā 지압 안마

拔火罐 bá huǒguàn
　　부황 뜨다

服务员 fúwùyuán 종업원

男师傅 nánshīfu 남자 마사지사

女师傅 nǚshīfu 여자 마사지사

加水 jiāshuǐ 물을 더 요청하다

卫生间 wèishēngjiān 화장실

时间到 shíjiān dào
　　시간이 다 되다

加时间 jiāshíjiān
　　시간을 연장하다

现金 xiànjīn 현금

刷卡 shuākǎ 카드로 결제하다

谢谢光临 xièxie guānglín
　　안녕히 가세요

Q 여행 중 여권을 잃어버렸습니다. 어떻게 하지요?

'설마 여권을 잃어버리겠어' 하고 생각하지만, 실제로 여권을 분실하는 경우가 상당히 많습니다. 그렇기 때문에 항상 여권은 가까운 곳에 두어야 하고, 만일을 위해서 맨 앞면과 비자가 있는 부분을 복사해 두는 것이 좋습니다. 여권을 분실했을 경우, 근처 한국영사관으로 가야하며, 임시 여권이 발행될 때까지 한국에 돌아올 수 없습니다. 외국에서 여권을 분실하는 것은 한국에서 휴대폰과 지갑을 한꺼번에 잃어버리는 것과 같습니다. 그만큼 여행객에게 여권은 소중합니다. 더불어 우리나라와 무비자 협약을 맺은 국가가 많지만, 아직까지 중국은 해당 사항이 없습니다. 보통 6개월에서 1년, 길면 2년 기간의 비자를 발행해 주고 있는데, 한국 정부는 중국을 상대로 10년 기간의 비자 발행을 허가해 줄 것을 요청한 상태입니다. 유학생의 경우 1년 혹은 2년 단위로 비자를 연장해야 하며, 중국인과 결혼한 경우 역시 1년 혹은 2년 단위로 비자를 연장 받아야 합니다.

중국에서 대학 다니기!

去哪儿报名?
어디서 등록해?

 4-01.mp3

去哪儿报名?
qù nǎr bào míng

二楼办公室。
èr lóu bàn gōng shì

你报了吗?
nǐ bào le ma

我想明天弄。
wǒ xiǎng míng tiān nòng

为什么?
wèi shén me

人太多。
rén tài duō

是的，排队也很麻烦。
shì de,　　　pái duì yě hěn má fan

去吃个饭吧!
qù chī ge fàn ba

好啊!
hǎo a

- 어디서 등록해?
- 2층 사무실에서.
- 넌 등록했어?
- 내일 하려고.
- 왜?
- 사람이 너무 많아.
- 맞아, 줄서는 것도 귀찮다.
- 밥이나 먹으러 가자 !
- 그러자고!

기숙사는 중요한 고민거리예요
宿舍, sùshè

어느 학교에서 유학할 것인지를 정했다면, 두 번째로 생각해야 할 것이 거주지를 정하는 것입니다. 일반적으로 두 가지 방법을 생각해 볼 수 있습니다. 기숙사에 거주하는 것과 외주, 즉 자취입니다. 이국땅에 온 사람이 처음부터 밖에서 자취하는 경우는 상당히 드뭅니다. 보통 처음 6개월에서 1년 정도는 학교 안 기숙사에 거주하는 경우가 많습니다.

간혹 중국어를 배우겠다고 중국인 친구와 함께 기숙사를 쓰고 싶어 하는 유학생도 있는데, 중국 대학교 대부분 유학생 기숙사는 중국인 학생 기숙사와 별도로 운영하고 있습니다. 시간이 지나 주변 지리에 익숙해지고, 학교 생활이나 중국 문화에 적응이 되면 중국인 친구든 한국인 친구든 마음 맞는 친구와 함께 자취를 해도 좋을 겁니다. 기숙사는 고시원만큼이나 좁고, 경우에 따라 가구가 심하게 낡았다거나 TV가 나오지 않는다거나 여기 지기 고장이 자주 날 수도 있을 것입니다. 그러나 낯선 나라에서 처음 생활을 시작하는 상황에서는 학교 안에 있는 기숙사만큼 안전한 곳은 없다고 생각합니다.

언젠가는 기숙사를 떠나 밖에서 자취를 하게 되는 경우도 생길 텐데요. 부동산에 갈 땐 현지 중국인 친구와 같이 가는 것이 좋습니다. 외국인끼리만 가면 손해 볼 일도 종종 생기기 때문입니다. 보통 중국의 집은 2房 1厅 1卫(방 2개, 거실 1개, 화장실 1개) 구조가 가장 일반적이며, 이 구조가 룸메이트랑 살기에 가장 적합합니다. 크기는 평방미터(m²)로 계산하니 24평을 구한다면 약 79평방미터(m²)인 집을 찾아보면 됩니다.

오늘은 '날짜를 나타내는 표현'에 대해 배워보겠습니다. 앞서서 수사 几(jǐ)를 배운 적이 있지요. 날짜 표현에도 요긴하게 쓰이니 주목해 주시기 바랍니다.

시간명사 + **几号?**　며칠이야?
jǐ hào

今天几号?　오늘 며칠이야?
jīn tiān jǐ hào

明天几号?　내일 며칠이야?
míng tiān jǐ hào

后天几号?　모레 며칠이야?
hòu tiān jǐ hào

号(hào)는 '이름 호'입니다. 이 글자가 익숙하지 않은 것은
약자이기 때문이겠지요. 중국어에서는 号가 날짜에서 '일'을
나타낸다는 것을 알아 두세요. 예를 들어, 5월 8일은
5월 8号, 7월 16일은 7월 16号가 되는 것이지요.
따라서 号가 '日(날 일)' 역할을 대신한다고 보면 됩니다.
중국에서도 '日(날 일)'을 사용하나, 신문이나 뉴스에서
자주 쓰이고 회화에서는 비교적 적게 쓰이는 편입니다.

VOCA 편의점에서	
需要 xūyào	필요하다
酒 jiǔ	술
啤酒 píjiǔ	맥주
饮料 yǐnliào	음료
豆浆 dòujiāng	두유
馒头 mántou	만두
粽子 zòngzi	종자(중국식 삼각 김밥)
鸡蛋 jīdàn	계란
玉米 yùmǐ	옥수수
香烟 xiāngyān	담배
咖啡 kāfēi	커피
拉面 lāmiàn	라면
牛奶 niúnǎi	우유
冰淇淋 bīngqílín	아이스크림
面包 miànbāo	빵
热水 rèshuǐ	뜨거운 물
冷水 léngshuǐ	차가운 물
伞 sǎn	우산
买一送一 mǎiyī sòngyī	원 플러스 원
买单 mǎidān	계산하다

중국이 궁금해요!

Q 기숙사 1인실이 좋나요, 2인실이 좋나요?

정답은 없습니다. 기숙사 자체가 매우 좁은 공간이라는 것만 참고하세요. 2인실도 1인실보다 아주 조금 클 뿐 별 차이가 없다는 것입니다. 1인실이 당연히 더 비싸긴 하지만 누구나 가끔씩 혼자만의 공간과 시간이 필요하니 기회비용으로 봐야겠지요. 마음에 맞는 친구가 있다면 괜찮지만, 처음 유학 가서 아무도 모르는 상황이라면 1인실을 추천해 드립니다. 2인실을 사용할 경우, 룸메이트가 밤에 잠을 안 잔다든지 나와 생활 패턴이 다르다면 큰 낭패를 볼 수 있습니다. 밖에서 자취할 경우 기본적으로 공간이 넓기 때문에 크게 상관없지만, 기숙사는 매우 비좁은 공간이므로 2인실을 이용할 경우에는 따져봐야 할 것들이 많습니다. 전체적으로 종합해 볼 때, 기숙사에 거주해야 한다면 1인실이 좀 더 편리할 것입니다.

02 出去住吧!
나가서 살자!

 4-02.mp3

宿舍好贵啊。
sù shè hǎo guì a

多少钱?
duō shao qián

一百块一天。
yì bǎi kuài yì tiān

这不算贵。
zhè bú suàn guì

我觉得贵。
wǒ jué de guì

那怎么办?
nà zěn me bàn

出去住吧!
chū qù zhù ba

- 기숙사가 꽤 비싸네.
- 얼만데?
- 하루에 100위안.
- 이건 비싸다고
  할 수 없어.
- 나한테는 비싸.
- 그럼 어떻게 할까?
- 나가서 살자!

VOCA

出去 chūqù 나가다, 외출하다
住 zhù 살다
宿舍 sùshè 기숙사
好 hǎo 꽤, 매우
一天 yìtiān 하루
不算 búsuàn
　　～라고 할 수 없다
觉得 juéde 여기다,
　　～라고 생각하다

옷을 말리는 풍경이 재미있어요

晒衣服, shài yīfu

중국을 구석구석 여행하신 분이나, 장기간 거주하신 분이라면 알 만한 정보입니다. 동네 곳곳을 유심히 들여다보면, 우리와는 다른 풍경이 눈에 들어옵니다. 옷을 말리는 풍경인데요. 밖에다 옷을 말리는 것이 무엇이 신기하냐고 하실 수 있겠지만 실제로 본다면 한동안 시선을 고정하게 됩니다. 긴 나무막대에다 옷을 일렬로 걸어 베란다 밖 공중에 말리는데요. 한국에서는 볼 수 없는 풍경이기 때문에 처음 보면 굉장히 신기하게 느껴집니다.

베란다 밖 공간에 널면, 옷이 공중에서 햇빛을 직접 받아 빨리 마릅니다. 또한, 통풍이 아주 잘 되어 옷이 깨끗하고, 단시간에 마르게 됩니다. 물론 밖에서 볼 때에는 조금 지저분해 보일 수는 있겠으나 옷을 말리는 데에는 최고입니다. 중국 남부 지방에는 날씨가 습한 편이라 빨래를 널어두면 잘 마르지가 않습니다. 우리나라 장마 기간과 비슷하다고 보면 되지요. 그래서 햇빛과 바람의 덕을 조금이라도 더 보기 위해서 중국 사람들은 빨래를 이렇게 말립니다.

이런 풍경은 중국 남부의 습한 기온과 관계가 있다 보니 북부 지방에서는 잘 볼 수 없다고 하네요. 해가 유난히 쨍쨍한 날이면 동네마다 골목마다 때와 장소를 가리지 않고, 걸칠 공간만 있으면 어디든지 신발이며 이불까지 거침없이 밖에 널어 말립니다. 한번은 자동차에 이불을 널어 말리는 광경까지 봤는데요. 깨끗이 빤 이불이 도로 더러워지지나 않을까 웃기기도 하고 걱정스럽기도 했던 기억이 납니다.

유용한 표현

오늘은 의문문을 조금 더 파고들어 보겠습니다. 중국말로 '했니 안했니'는 어떻게 물어보는지 같이 한번 보겠습니다.

你 + 동사 + **了没有？** ~했어 안했어?
nǐ   le méi yǒu

你吃了没有？ (밥) 먹었어 안 먹었어?
nǐ chī le méi yǒu

你看了没有？ (그 영화) 봤어 안 봤어?
nǐ kàn le méi yǒu

你听了没有？ (그 소식) 들었어 못 들었어?
nǐ tīng le méi yǒu

문장 끝에 没有(méiyǒu)가 오면 '했어 안했어'의 표현이 됩니다. 이때 별도로 '吗(ma)'가 붙지 않는데, 문장 끝 '没有(méiyǒu)'에 이미 물어보는 뉘앙스가 있다고 보는 것입니다. 마치 우리말도 '너 먹었어 안먹었어?' '너 갔어 안갔어?' 이렇게 물어보는 것처럼 말입니다.
실생활에서 자주 쓰이니 참고하시기 바랍니다.

VOCA 부동산	
房产 fángchǎn 부동산	
一平方米 yì píngfāngmǐ	1제곱미터
多少钱 duōshaoqián	얼마입니까
暂时 zànshí 일시적으로	
有房 yǒufáng 방이 있다	
没房 méifáng 방이 없다	
其他房 qítāfáng 다른 방	
地铁房 dìtiěfáng 역세권 방	
学区房 xuéqūfáng	학군이 좋은 방
太大 tàidà 너무 크다	
太小 tàixiǎo 너무 작다	
正好 zhènghǎo 딱 좋다	
室 shì 방	
厅 tīng 거실	
卫 wèi 화장실	
厨房 chúfáng 주방	
房东 fángdōng 집주인	
中介费 zhōngjièfèi 중개비	
手续费 shǒuxùfèi 수수료	
合同 hétóng 계약서	
签名 qiānmíng 서명하다	

Q 밖에서 자취, 괜찮은가요?

학교 근처에 자취방을 얻는 것 나쁘지 않습니다. 학교 기숙사가 워낙 작아서 자취하고 싶은 생각이 들 수밖에 없습니다. 자취를 하면 큰 공간에 조용히 혼자 살 수 있다는 장점이 있지요. 중국은 보통 '방 2, 거실 1, 화장실 1(2室1厅1卫)' 구조가 가장 많은데요. 우리나라 식으로 따지면 15평에서 20평 정도의 집이라고 할 수 있습니다. 생각해보면 중국은 우리나라처럼 원룸이나 오피스텔이 많은 편은 아닙니다. 마음에 맞는 친구랑 자취방을 구하러 다니는 것도 유학 생활의 또 다른 재미입니다. 당장 마음에 맞는 친구가 없다면, 온라인 카페에 올라온 글을 참고할 수도 있습니다. 중국에서의 자취는 훗날 좋은 추억으로 남을 것입니다.

点名了吗？
출석 불렀어?

4-03.mp3

早点来啊！
zǎo diǎn lái a

晚十分钟没关系。
wǎn shí fēn zhōng méi guān xi

老师知道了。
lǎo shī zhī dào le

知道什么？
zhī dào shén me

你故意晚来十分钟。
nǐ gù yì wǎn lái shí fēn zhōng

点名了吗？
diǎn míng le ma

还没。
hái méi

明天开始不能迟到了。
míng tiān kāi shǐ bù néng chí dào le

你家最近！
nǐ jiā zuì jìn

越近越容易迟到。
yuè jìn yuè róng yì chí dào

- 일찍 좀 다녀!
- 10분쯤이야 늦어도 괜찮잖아.
- 선생님이 알아차렸어.
- 뭘?
- 니가 일부러 10분씩 늦게 오는 거.
- 출석 불렀어?
- 아직.
- 내일부터는 늦으면 안 되겠네.
- 너희 집이 제일 가까워!
- 가까울수록 지각하기 쉬워.

쉽게 상처받는 청춘

草莓族, cǎoméizú

'약하고 어린 젊은이들'이라는 뜻의 **草莓族**(cǎoméizú)는 1980년 이후에 태어난 청춘을 뜻합니다. 이들의 대부분은 시대적 배경에 따라 큰 어려움 없이 부모님의 보호 아래 성장했는데, 그 결과 여러 면에서 부족한 모습을 보이게 됩니다. 겉보기에는 덩치도 크고 더없이 멀쩡해 보이는 청년들이 정서 결핍, 독립심 부족, 집단생활에서의 부적응 등 많은 어려움에 허덕이고 있지요. 이러한 모습이 마치 '딸기처럼 여리고 나약하다'고 하여 **草莓族**, 즉 딸기족이라고 부릅니다. 신입사원 4명 중 1명은 회사 생활에 적응하지 못하고 1년 내에 그만둔다는 통계가 이를 뒷받침하고 있습니다. 무엇보다도 하루하루가 힘들었고 고비였던 부모님 세대와 굳이 힘들게 일하지 않아도 당장 큰 어려움 없이 사는 자식 세대가 충돌하면서 생긴 용어 같습니다.

유용한 표현

오늘은 '무엇'을 나타내는 표현을 배워 보겠습니다. 영어의 what에 해당하는 부분이니 중요하겠지요. 같이 보겠습니다.

~ 什么? 뭘? / 뭐가? / 뭐?
shén me

你干什么? 너 뭐해?
nǐ gàn shén me

你吃什么? 너 뭐 먹을래?
nǐ chī shén me

你喝什么? 너 뭐 마실래?
nǐ hē shén me

什么(shénme)는 '무엇'을 나타내는 의문대명사입니다.
문장 속에서도 쓰이지만 단독으로도 많이 쓰입니다.
의문대명사이기 때문에 별도로 뒤에 吗(ma)가 붙지
않습니다. 더불어 '什么意思(무슨 말이야)?'
'什么事儿(무슨 일이야)?' '什么时候(언제)?' 같이
자주 쓰이는 표현도 익혀두시기 바랍니다.
위 문장과 더불어 买(mǎi), 听(tīng), 喜欢(xǐ huan) 등
다른 동사를 넣어서도 연습해 보시기 바랍니다.

VOCA 청춘	
大学生 dàxuéshēng	대학생
没钱 méiqián	돈이 없다
学费 xuéfèi	학비
贷款 dàikuǎn	대출
放弃 fàngqì	포기하다
梦想 mèngxiǎng	꿈
遇到 yùdào	마주치다
挫折 cuòzhé	좌절
一个人 yígèrén	혼자
孤独 gūdú	외롭다, 고독하다
工作 gōngzuò	일
打工 dǎgōng	아르바이트
找不到 zhǎobúdào	찾지 못하다
学士 xuéshì	학사
硕士 shuòshì	석사
博士 bóshì	박사
没用 méiyòng	소용없다
啃老 kěnlǎo	부모님께 의지하다
失去 shīqù	잃어버리다
希望 xīwàng	희망
挑战 tiǎozhàn	도전하다
未来 wèilái	미래

중국이 궁금해요!

Q 중국 학비는 어떤가요?

결론부터 말씀드리자면, 우리나라보다 절반 정도 쌉니다. 중국은 우리나라처럼 모든 사람이 다 대학에 가지는 않습니다. 우리나라의 대학 진학률이 80%가 넘는 것에 반해, 중국은 50% 정도에 지나지 않습니다. 가고 싶은 사람은 가고, 가기 싫은 사람은 스무 살 때부터 일을 시작합니다. 직업에 대한 편견도 적은 편이라 무엇을 하든지 밝고 긍정적으로 하는 편입니다. 학비는 제가 대학생이었을 당시 한 학기에 1만 위안 정도 했으니, 한화로 약 180만 원이라고 볼 수 있겠네요. 이는 외국인 유학생의 경우이고, 중국 현지 학생은 더욱 저렴합니다. 학교마다 장학금 제도도 있어 어느 정도 성적만 나오면 장학금을 받으면서 학교에 다닐 수 있습니다. 음식과 환경만 맞으면 중국은 유학하기에 더없이 좋은 곳입니다. 중국과 중국어에 관심이 많다면 한번 도전해보세요.

我要去军队了。

저 군대 가요.

 4-04.mp3

○ **老师, 您好!**
lǎo shī, nín hǎo

○ **去上课吗?**
qù shàng kè ma

○ **是的。**
shì de

○ **学习怎么样?**
xué xí zěn me yàng

○ **我要去军队了。**
wǒ yào qù jūn duì le

○ **那学业呢?**
nà xué yè ne

○ **要休学了。**
yào xiū xué le

○ **两年后见!**
liǎng nián hòu jiàn

- 선생님, 안녕하세요!
- 수업 가니?
- 네.
- 공부는 어때?
- 저 군대 가요.
- 그러면, 공부는?
- 휴학해야지요.
- 2년 뒤에 보자!

VOCA

军队 jūnduì 군대
老师 lǎoshī 선생님
上课 shàngkè 수업
学习 xuéxí 공부
学业 xuéyè 학업
休学 xiūxué 휴학

맥주 가격이 참 착해요

啤酒, píjiǔ

한국인의 맥주 사랑은 해외에서도 계속됩니다. 특히 가격이 저렴한 중국에서는 더 그렇지요. 저도 중국에 처음 갔을 때 맥주와 오랜 시간 대화에 빠졌던 기억이 납니다. 그만큼 저렴하고 맛있다는 것이지요. 맛있는 맥주에 거리에서 파는 안주를 더한다면 정말이지 한국에서는 맛보지 못한 신세계를 경험하게 됩니다. 겨울을 제외한, 모든 계절에 거리에서 꼬치를 비롯한 각종 안주거리를 파는데, 여기에 앉아서 반나절을 먹어도 한국 돈으로 만 원이 나올까 말까 하니 천국이 따로 없지요. 칭다오 맥주(青岛啤酒, qīngdǎopíjiǔ)는 세계 10대 맥주 안에 들기도 하는데다, 한 캔에 우리나라 돈으로 천 원이 되지 않으니 인기가 어마어마하지요. 1903년 가동을 시작한 칭다오 맥주 공장은 여름마다 맥주 축제를 하고 있는데, 이 축제는 중국인들은 물론 외국인 관광객들에게도 인기가 좋습니다. 중국을 처음 방문한 여행객들이나 유학생들은 저렴하고 맛있는 맥주와 사랑에 빠지기 쉽겠지요.

유용한 표현

오늘은 기본적인 인사 표현에 대해 알아보겠습니다.

爸爸, 早上好! 아버지, 안녕히 주무셨어요? (아침 인사)
bà ba, zǎoshang hǎo

老师, 中午好! 선생님, 안녕하세요! (점심 인사)
lǎo shī, zhōngwǔ hǎo

爷爷, 晚上好! 할아버지, 안녕하세요! (저녁 인사)
yé ye, wǎnshang hǎo

중국어에는 존댓말이 거의 없습니다.
대부분이 '你(너, 당신)'로 통하기 때문입니다.
중국에서 한두 살 위아래는 다 친구로 통하며, 세대가 다르
지 않은 이상 열 살 차이가 난다고 해도 하나 같이 你(nǐ)로 통
합니다. 단, 세대가 다른 할머니, 할아버지께는 您(nín)이라는
존칭어를 쓰는 것이 맞습니다. 아침, 점심, 저녁 인사 표현,
그리고 가족 호칭도 알아두고 인사할 때 잘 써보기 바랍니다.
아빠, 엄마를 부를 때는 줄여서 '爸(bà)' '妈(mā)'처럼
한 글자로 부르기도 한다는 것도 참고하세요.

VOCA 과일가게	
一斤 yìjīn 한 근	
多少钱 duōshaoqián 얼마예요	
太贵了 tàiguìle 너무 비싸다	
便宜点 piányidiǎn 싸게 해주세요	
送 sòng 덤으로 주다	
尝一尝 chángyicháng 맛보다	
水果 shuǐguǒ 과일	
苹果 píngguǒ 사과	
西瓜 xīguā 수박	
香蕉 xiāngjiāo 바나나	
樱桃 yīngtáo 체리	
猕猴桃 míhóutáo 키위	
橘子 júzi 귤	
葡萄 pútao 포도	
哈密瓜 hāmìguā 멜론	
柠檬 níngméng 레몬	
芒果 mángguǒ 망고	
桃子 táozi 복숭아	
梨 lí 배	
菠萝 bōluó 파인애플	
草莓 cǎoméi 딸기	

중국이 궁금해요!

Q 중국 대학도 군대 휴학이 가능한가요?

네, 가능합니다. 한국인 성인 남성은 군대에 가야 합니다. 그래서 중국 대학에서도 이를 반영하여 한국인 학생들에게 군 휴학을 2년간 주고 있습니다. 2년 이상을 주는지에 대해서는 학교마다 다를 수 있으니 문의해 보는 게 좋겠습니다. 저는 3학년을 마치고 휴학을 한 상태에서 군대에 갔다 왔는데요. 현재 복무 기간이 육군 기준 약 21개월이니, 2년이면 갔다 오기에 충분한 시간입니다. 일반적으로 중국 학생은 휴학 없이 4년을 모두 다닙니다. 휴학을 자주 하지 않는 문화여서, 혹시라도 휴학할 일이 생기면 학교와 잘 상의해야 합니다. 중국에서도 군 복무에 대해서는 이해해주고 최소한의 배려는 해주니, 마음 편히 다녀오면 됩니다.

一起吃午饭吧!
같이 점심 먹자!

 4-05.mp3

- **一起吃午饭吧!**
  yì qǐ chī wǔ fàn ba

- **我想睡觉。**
  wǒ xiǎng shuì jiào

- **班长说他来请客。**
  bān zhǎng shuō tā lái qǐng kè

- **那要去的!**
  nà yào qù de

- **睡觉呢?**
  shuì jiào ne

- **吃完再睡!**
  chī wán zài shuì

- **你也真搞笑!**
  nǐ yě zhēn gǎo xiào

- 같이 점심 먹자!
- 자고 싶어.
- 반장이 산대.
- 그럼 가야지!
- 잠은?
- 먹고 잘래!
- 너도 참 웃기다!

一起 yìqǐ 같이
午饭 wǔfàn 점심
睡觉 shuìjiào 잠을 자다
班长 bānzhǎng 반장, 과 대표
说 shuō 말하다
请客 qǐngkè 한턱내다, 계산하다
再 zài 다시, 그리고 나서
搞笑 gǎoxiào 웃기다, 재미있다

열심히 사는데 가난해요

穷忙族, qióngmángzú

'열심히 사는데 가난하다'는 穷忙族(qióngmángzú)는 오늘날 젊은이들의 현실을 대변하는 말 같습니다. 20대 후반에 취직을 해도 적은 월급으로 시작을 하게 되는 경우가 대부분인데, 문제는 돈이 모이지 않는다는 것입니다. 주거 문제가 해결된 경우라면 모르지만, 대부분의 직장이 수도권에 있다 보니 방을 따로 구해야 하는 경우도 많습니다. 이렇다 보니 월세에서 이미 월급의 반 가까이가 소비되고, 휴대폰과 기타 공과금을 내고나면 남는 돈이 없다는 것이 穷忙族(qióngmángzú)의 이론입니다.

문제는 이러한 젊은이가 상당히 많다는 것입니다. 10명 중에 8명은 이 무리에 속한다고 볼 수 있을 만큼 그 문제가 심각합니다. 대책이라면 부모님과 함께 살면서 돈을 모으거나 보수가 많은 직업을 택하는 것인데, 전 세계가 불경기에 허덕이다 보니 중국에서도 보수가 많은 직업을 찾는 것이 그리 쉽지 않은 모양입니다.

그래서인지 중국의 젊은이들은 최근 창업에 큰 관심을 보이고 있습니다. 베이징대학 보고서에 따르면 대졸자의 15.6%가 창업을 희망한다는 조사 결과가 나왔다고 합니다. 중국 정부 또한 실업 문제를 해결하기 위해 창업을 적극 권장하고 있습니다. 창업자에 대한 세금 감면, 저금리 대출, 보조금 지급 등을 통한 혜택을 제공하고 있지요. 이러한 움직임이 부디 고용 안정에 긍정적인 실마리를 제공해 주었으면 좋겠습니다.

유용한 표현

오늘은 '같이'와 관련된 표현을 살펴보겠습니다.

一起 + 동사 + 吧! 같이 ~ 하자니까!
yì qǐ   ba

一起吃吧! (점심) 같이 먹자!
yì qǐ chī ba

一起去吧! (거기) 같이 가자!
yì qǐ qù ba

一起看吧! (그 영화) 같이 보자!
yì qǐ kàn ba

'같이'는 중국어로 一起(yì qǐ)라고 합니다. '하나 일'
'일어날 기'니까 '하나가 되어 같이 일어나자'라고 기억하시면
좋겠습니다. 吧(ba)는 문장 맨 끝에 와서 '~하자'라는
의미를 가집니다. 앞서 영어의 let's와 같다고 설명했지요. 한
편, '我们一起去图书馆吧(우리 같이 도서관 가자)'처럼
앞에 주어도 오고, 뒤에 목적어까지 와서 완벽한 문장을
만들 수도 있지만, 회화에서는 주어도 생략하고 목적어도
생략해서 간단하게 쓴다는 것을 참고해 주세요.
말할 때는 간단할수록 좋으니까요.

VOCA 주요 동사와 응용

吃 chī 먹다
吃饭 chīfàn 밥 먹다
吃面包 chīmiànbāo 빵을 먹다
喝 hē 마시다
喝水 hēshuǐ 물 마시다
喝啤酒 hēpíjiǔ 맥주를 마시다
看 kàn 보다
看书 kànshū 책을 보다
看电影 kàndiànyǐng
　　　　영화를 보다
听 tīng 듣다
听音乐 tīngyīnyuè
　　　　음악을 듣다
听消息 tīngxiāoxi
　　　　소식을 듣다
买 mǎi 사다
买东西 mǎidōngxi
　　　　물건을 사다
买衣服 mǎiyīfu 옷을 사다
玩 wán 놀다
玩电脑 wándiànnǎo
　　　　컴퓨터 게임을 하다
玩手机 wánshǒujī
　　　　휴대폰으로 놀다
做 zuò 하다
做菜 zuòcài 요리하다
做作业 zuòzuòyè 숙제하다

Q 중국인도 군대에 가야하나요?

그렇지 않습니다. 만 25세 이전에 특별한 사유가 없는 한 의무적으로 가야하는 우리나라와 달리 중국은 모병제입니다. 100% 자신이 지원해서 가는 것이며, 경쟁률도 센 편입니다. 군대의 경쟁률이 센 이유는 월급도 많고, 군대를 가면 가문의 영광이라고 해도 될 만큼 집안의 자랑이 되기 때문입니다. 군 복무를 하고 나오면 취직도 잘 될 뿐만 아니라 결혼하는 데도 유리합니다. 여자들이 비교적으로 군대를 갔다 온 남자들을 좋아하기 때문입니다. 제가 유학할 당시, 학교 운동장에서 훈련하고 있는 군인들을 종종 보았습니다. 훈련은 매우 강도 있어 보이나, 그들은 최소한 자신들이 원해서 지원한 것이며, 또 그만큼의 보상을 받고 있었습니다. 우리도 군 복무 여건이 더욱 좋아져서 너도나도 원해서 갈 수 있는 환경이 되었으면 좋겠습니다.

photo. Hung Chung Chih / shutterstock.com

晚上有聚会!
저녁에 파티한대!

● 晚上有聚会!
wǎn shang yǒu jù huì

● 地点在哪儿?
dì diǎn zài nǎr

● 还没决定了。
hái méi jué dìng le

● 谁请客?
shéi qǐng kè

● 老师请客。
lǎo shī qǐng kè

● 真的吗?
zhēn de ma

● 真的。
zhēn de

● 好开心!
hǎo kāi xīn

● 可不是嘛!
kě bú shì ma

● 저녁에 파티한대!
● 어디서 먹어?
● 아직 안 정했어.
● 누가 사는 거야?
● 선생님이 사신대.
● 진짜?
● 진짜야.
● 기분 좋네!
● 누가 아니래!

VOCA

晚上 wǎnshang 저녁
聚会 jùhuì 파티
地点 dìdiǎn 장소, 위치
决定 juédìng 결정하다

혼자 사는 노인이 많아요

空巢老人, kōngcháolǎorén

혼자 사는 '독거노인'의 문제는 비단 우리나라만의 문제가 아닙니다. 옆 나라 중국 역시 독거노인 인구가 늘어나면서, 여러 가지 해결해야 할 문제들에 직면하였습니다. 空巢老人(kōngcháolǎorén)는 '빈 둥지의 노인'이라는 뜻을 가진 표현입니다. 자식들이 성장하고 결혼하여 독립하면 부모님만 남게 되는데, 두 분이 같이 남게 되는 경우는 크게 상관없지만 이러한 저러한 사연으로 인하여 나이 드신 어르신 혼자만 집에 거주하는 경우가 상당히 많습니다. 이렇게 '혼자 거주하는 노인'을 우리는 空巢老人이라고 말합니다. 대체적으로 물질적 궁핍보다는 정서적인 궁핍이 많으나, 둘 다 같이 오는 경우도 많습니다. 이 시대에 우리가 한번쯤은 깊이 생각해봐야할 문제인 것 같습니다.

유용한 표현

오늘은 '한턱내다'라는 표현에 대해 배워보겠습니다. 실제 생활에서 굉장히 많이 쓰이는 표현이지요.

주어 + **请客** ~가 한턱내는 거야
qǐng kè

老师请客。 선생님이 사는 거야.
lǎo shī qǐng kè

你(来)请客。 니가 사.
nǐ (lái) qǐng kè

我(来)请客。 내가 살게.
wǒ (lái) qǐng kè

'한턱내다'라는 표현을 请客(qǐng kè)라고 합니다.
주로 '주어 + 请客' 꼴로 많이 씁니다. 위 문장에서 来(lái)는
'오다'가 아니라, 회화에서의 용법입니다. 来의 용법이
상당히 많으니 여러 문장을 통해 익혀 두면 좋습니다.
위 문장에서 来는 생략할 수 있으며 뜻은 같습니다.

VOCA 동물원에서		
猪 zhū 돼지		
牛 niú 소		
鸭子 yāzi 오리		
羊 yáng 양		
马 mǎ 말		
狮子 shīzi 사자		
虎 hǔ 호랑이		
狗 gǒu 강아지		
猫 māo 고양이		
蛇 shé 뱀		
鼠 shǔ 쥐		
大象 dàxiàng 코끼리		
猴子 hóuzi 원숭이		
狐狸 húli 여우		
熊 xióng 곰		
袋鼠 dàishǔ 캥거루		
河马 hémǎ 하마		
考拉 kǎolā 코알라		
乌龟 wūguī 거북이		
恐龙 kǒnglóng 공룡		
猩猩 xīngxing 침팬지		
企鹅 qǐ é 펭귄		

Q 중국도 더치페이를 하나요?

우리는 나이가 많거나 그날 기분 좋은 사람이 한턱내는 경우가 많습니다. 뭔가의 공동체 의식에서 나온 것인데, 요즘은 더치페이가 많아졌지요. 중국은 미국과 비슷합니다. 자기가 먹은 것은 자기가 낸다는 생각이 지배적이며, 한 사람이 사기 보다는 대부분 더치페이를 합니다. 나이가 한 살 많다고 해서 그 사람이 사야할 의무도 없으며, 나이가 크게 차이나지 않는 이상 대부분 친구 관계, 동등 관계로 보기 때문에 거의 모든 상황에서 더치페이를 합니다. 조금 더 나아가, 한 살 어리다고 하여 한 살 많은 사람에게 깍듯이 대하거나 잘 보일 필요도 없으며, 대학교 활동에 있어서도 각자가 철저하게 독립적입니다. 이러한 면에서 보면 중국은 미국과 많이 닮은 것 같습니다. 20살이 지나면 젊은이들의 절반 정도는 경제 활동에 참여하기 때문에 더더욱 자신이 먹은 것은 자신이 계산하는 문화가 자리 잡혀 있는 것 같습니다.

07 要去上课了。
수업 가야겠어.

 4-07.mp3

○ 要去上课了。
yào qù shàng kè le

○ 你不用来了。
nǐ bú yòng lái le

○ 你说什么?
nǐ shuō shén me

○ 听说你已经缺席了三分之一。
tīng shuō nǐ yǐ jīng quē xí le sān fēn zhī yī

○ 我数了, 还没到。
wǒ shǔ le,　　hái méi dào

○ 干脆好好休息吧!
gān cuì hǎo hǎo xiū xi ba

○ 你骗我吧!
nǐ piàn wǒ ba

○ 我骗你干嘛!
wǒ piàn nǐ gàn ma

- 수업 가야겠어.
- 안 와도 돼.
- 무슨 소리야?
- 너 이미 3분의 1 결석했대.
- 내가 셌는데, 아직 안 됐어.
- 이왕 이렇게 된 거 푹 쉬어!
- 농담하는 거지!
- 진짜야!

대학교 수업이 아침 8시에 시작해요

上课时间, shàngkè shíjiān

한국 대학교의 수업 시간이 오전 9시에 시작한다면, 중국은 이보다 이른 8시에 시작합니다. 어떻게 대학교에서 수업 시작을 아침 8시에 할 수 있냐고 생각할 수도 있지만, 중국은 기본적으로 일찍 자고 일찍 일어나는 문화입니다. 오후나 저녁에 무엇을 하는 것을 좋아하는 우리와는 달리, 중국은 아침 시간을 매우 효율적으로 쓰는 편이지요.

새벽 2시가 되어도 밤거리 풍경이 계속되는 우리와 달리, 중국은 전통적으로 일찍 자고, 일찍 일어나는 습관이 배어 있습니다. 아침 6시에 공원에서 태극권을 하며 아침 운동을 하시는 중국인 할아버지의 모습은 아직까지도 아주 선명한 기억으로 남아 있습니다. 이러한 문화는 대학교 때까지 영향을 주어, 대학생도 변함없이 일찍 일어나고 이에 따라 수업도 아침 일찍 시작합니다. 한국인의 입장에서 보면 아침 8시 수업은 상당히 부담이지요. 특히 집이 학교에서 멀다면 더 그렇습니다.

그래서 지각도 참 많이 합니다. 중국 유학을 생각한다면, 수업 시간이 이르다는 점도 고민해 봐야 할 것입니다. 수업에 15분 이상 지각을 하면 그 시간은 결석으로 처리되며, 전체 수업일수에서 3분의 1 이상 결석할 경우, 시험을 치를 수가 없습니다. 중국은 9월에 1학기를 시작하며, 3월에 2학기를 시작합니다. 따라서 중국의 대학 입학 시험인 高考(gāokǎo)는 6월에 치러지며, 졸업 시즌 역시 6월입니다.

유용한 표현

우리가 평소에 '진짜, 완전, 너무, 정말' 이런 말 참 많이 쓰지요. 중국어로는
어떻게 말하는지 한번 보겠습니다.

太 ~ 了　진짜 ~ 하네요
tài　　le

太贵了!　너무 비싸요!
tài guì le

太帅了!　진짜 잘생겼네요!
tài shuài le

太漂亮了!　진짜 예쁘네요!
tài piào liang le

오늘의 주인공은 바로 太(tài)입니다. '클 태'인데요.
太 다음에 형용사가 와서 '진짜 ~하네'라는 뜻이 됩니다.
이 밖에도 '太大了(너무 커요)' '太小了(너무 작아요)'
'太多了(너무 많아요)' '太少了(너무 적어요)' 등의 표현도
단골손님이니 익혀두기 바랍니다.
太는 정도의 심함을 나타내는 대표적인 표현입니다.

VOCA 학교에서	
正门 zhèngmén	정문
后门 hòumén	후문
运动场 yùndòngchǎng	운동장
集合 jíhé	모이다
老师 lǎoshī	선생님
学生 xuésheng	학생
上课 shàngkè	수업을 시작하다
下课 xiàkè	수업을 끝내다
作业 zuòyè	숙제
论文 lùnwén	논문
放假 fàngjià	방학
休息 xiūxi	휴식
韩国餐厅 hánguó cāntīng	한국 식당
留学生中心 liúxuésheng zhōngxīn	유학생 센터
参加 cānjiā	참가하다
期中考试 qīzhōng kǎoshì	중간고사
期末考试 qīmò kǎoshì	기말고사
点名 diǎnmíng	출석을 부르다
缺席 quēxí	결석하다
黑板 hēibǎn	칠판
教室 jiàoshì	교실
插班 chābān	편입하다

중국이 궁금해요!

Q 중국의 대학 문화는 어떤가요?

우리보다 건전하다고 할 수 있습니다. 잔디에 둘러앉아 막걸리를 마시는 풍경도 볼 수 없으며 폭탄주 개념도 없습니다. 신입생 환영회도 거창하지 않고, 신입생 캠프도 떠나지 않습니다. 한 살 어린 후배가 한 살 많은 선배에게 고개 숙여 인사하지도 않으며, 각자 개인이 하나의 독립체일 뿐입니다. 개인의 취향이 존중되며, 개인의 의사가 뚜렷하게 반영됩니다. 우리도 점차 동아리 활동이 줄어들고, 개인주의 문화로 넘어가고 있습니다. 어찌 보면, 이러한 개인주의 문화가 장점이 많다고 볼 수도 있습니다. 술을 마시고 싶지 않다면 마시지 않아도 되고, 가고 싶지 않은 모임에는 참여하지 않아도 되며, 어울리고 싶지 않은 사람과는 인간관계를 하지 않아도 됩니다. 어쩌면 우리의 대학문화는 지금까지 너무나도 불필요한 것에 얽매여있지 않았나 생각해 봅니다. 다행인 것은 지금이라도 우리의 대학 문화가 많이 개선되고 있디는 것이지요. 보는 각도에 따라서 중국의 대학 문화가 우리보다 더 선진적이라고 볼 수도 있겠습니다.

我喜欢你。

널 좋아해.

5-01.mp3

我喜欢你。
wǒ xǐ huan nǐ

你说什么?
nǐ shuō shén me

我说我喜欢你。
wǒ shuō wǒ xǐ huan nǐ

太突然了。
tài tū rán le

我们谈恋爱吧!
wǒ men tán liàn ài ba

我们刚认识半个月了。
wǒ men gāng rèn shí bàn ge yuè le

半个月怎么了?
bàn ge yuè zěn me le

给我时间考虑一下!
gěi wǒ shí jiān kǎo lǜ yí xià

好, 我等你。
hǎo,   wǒ děng nǐ

- 널 좋아해.
- 뭐라고?
- 나 너 좋아한다고.
- 너무 갑작스러워.
- 우리 사귀자!
- 우리 알게 된 지
  보름밖에 안 됐어.
- 보름이 왜?
- 생각할 시간 좀 줘!
- 알았어, 기다릴게.

VOCA

喜欢 xǐhuan 좋아하다
谈恋爱 tánliànài
            연애하다, 사귀다
刚 gāng 이제 막, 방금
认识 rènshí 알게 되다
给 gěi 주다
时间 shíjiān 시간

남은 남자, 남은 여자
剩男剩女, shèngnán shèngnǚ

'남은 남자, 남은 여자'라는 뜻의 剩男剩女(shèngnán shèngnǚ)는 일정한 나이가 되었음에도 불구하고 좋은 조건을 찾으며 결혼하지 않는 사람들을 말합니다. 이러한 현상은 결혼이 필수가 아닌 선택이 되어버린 지금 흔히 볼 수 있는 현상으로 중국 내에서도 이런 경향은 점차 심화되고 있습니다. 일찍이 중국에서도 20대에 결혼하는 것이 일반적이었으나, 최근 들어서는 결혼을 하는 연령이 점점 늦어지고, 심지어 아예 하지 않는 사람들도 생겨나고 있습니다. 무엇보다도 개인적인 생활을 중시하다보니, 결혼의 필요성이 낮아지고, 현실적인 여러 가지 문제들도 한몫을 하는 것 같습니다. 치솟아 버린 집값, 결혼식을 치를 때 들어가는 비용 등 한국과 중국 모두 공통된 문제를 안고 있습니다.

유용한 표현

오늘은 주로 상대방의 말에 동의할 때 쓰는 '또한, 역시'라는 말을 중국어로
어떻게 표현하는지 알아보겠습니다.

我也 ~ 나도~
wǒ yě

我也喜欢。 나도 좋아해.
wǒ yě xǐ huan

我也想吃。 나도 먹고 싶어.
wǒ yě xiǎng chī

我也想去。 나도 가고 싶어.
wǒ yě xiǎng qù

오늘의 주인공은 바로 也(yě)입니다. 주어 뒤에 와서 '~도 또
한, ~도 역시'라는 뜻이 되는데요. 아주 자주 쓰입니다. 반대
로 부정문을 만들 경우 뒤에 不(bù)만 붙여주면 됩니다. '我也
不喜欢' '我也不想吃' '我也不想去'로도 말할 수 있는 것이지
요. 그 밖에, '我也爱你(나도 널 사랑해)' '我也同意(나도 동의해)'도
자주 쓰는 표현이니 알아두세요.

VOCA 컨디션과 상태

非常好 fēichánghǎo 아주 좋다

很好 hěnhǎo 매우 좋다

好 hǎo 좋다

一般般 yìbānbān 보통이다

马马虎虎 mǎmǎhūhū 그럭저럭

不怎么样 bùzěnmeyàng 별로

不好 bùhǎo 안 좋다

很累 hěnlèi 피곤하다

想睡觉 xiǎngshuìjiào 자고 싶다

很满意 hěnmǎnyì 매우 만족하다

满意 mǎnyì 만족하다

不满意 bùmǎnyì
　　　 만족하지 못하다

舒服 shūfu 편하다

不舒服 bùshūfu
　　　 편하지 못하다

有意思 yǒuyìsi 재미있다

没意思 méiyìsi 재미없다

紧张 jǐnzhāng 긴장하다

想哭 xiǎngkū 울고 싶다

想回家 xiǎnghuíjiā
　　　 집에 가고 싶다

중국이 궁금해요!

Q 중국어는 존댓말이 없나요?

형식상 있으나 사실상 없다고 봐도 무방합니다. 어르신을 만나면 공경의 의미로 您(nín)이라는 표현을 쓰기도 하나, 이것을 제외한다면 특별히 쓰는 존댓말이 없습니다. 공손하게 말을 시작하는 请(qǐng)이라는 표현도 있으나, 중국어 자체가 존댓말이 많은 언어가 아닙니다. 이런 면에서는 영어와 비슷한데, 심지어 영어보다 더 없다고도 할 수 있습니다. 일반적으로 열 살 위아래는 다 친구로 통하며, 세대가 다른, 즉 할머니 할아버지께는 존댓말 표현을 씁니다. 뉴스나 회의에서도 쓰기는 하나, 일상생활에서 존댓말이 많이 쓰이지는 않습니다. 대부분 你(nǐ)로 통하며, 존댓말은 교과서에나 등장할 만큼 실제로 잘 쓰지 않습니다. 그렇다고 해서 다른 사람을 존중하지 않는다는 것이 아니라, 언어 안에서 사용되는 표현이 적다는 것입니다.

你能来吗？
올 수 있어?

 5-02.mp3

明天是我的毕业典礼。
míng tiān shì wǒ de bì yè diǎn lǐ

恭喜你。
gōng xǐ nǐ

你能来吗？
nǐ néng lái ma

让我想一想。
ràng wǒ xiǎng yi xiǎng

你在犹豫什么？
nǐ zài yóu yù shén me

害羞啊!
hài xiū a

害羞什么？
hài xiū shén me

没有我认识的人。
méi yǒu wǒ rèn shí de rén

没关系，有我在。
méi guān xi,　　yǒu wǒ zài

- 내일 나 졸업식이야.
- 축하해.
- 올 수 있어?
- 생각 좀 해볼게.
- 뭘 망설이는 거야?
- 부끄럽잖아!
- 뭐가 부끄러워?
- 아는 사람도 없고.
- 상관없어. 내가 있잖아.

인터넷 쿠폰을 이용하세요

团购券, tuángòuquàn

휴대폰으로도 인터넷을 할 수 있게 되면서, 이제 할인 티켓을 앱으로 구매하는 경우가 많아졌습니다. 중국도 마찬가지인데요. 주로 평일에 할인을 하며, 주말엔 할인이 되지 않는 경우가 대부분입니다. 저 역시 할인 티켓인 团购券(tuángòuquàn)을 이용하여 오후 차를 경험한 적이 있는데요. 평일 오후 3시에 가서 5시까지 즐기는 세트 메뉴였는데, 그 푸짐한 양이 한국 돈으로 단돈 7천 원 선이었습니다. 이는 매출보다는 홍보 목적으로 식당에서 하는 행사인데요. 워낙 경쟁이 치열하다보니 식당들도 각자 살아남기 위해서 이것저것 행사를 합니다. 인터넷 쿠폰이 저렴한 건 맞지만, 값에 비해 터무니없는 기대를 했다가는 실망하는 경우도 많습니다. 쿠폰 구매 전에 반드시 전화를 해서 궁금한 점을 물어봐야 낭패를 보지 않습니다.

유용한 표현

오늘은 '하다'라는 동사에 대해 알아보겠습니다.

시간명사 + **干什么?** ~에 뭐 할 거야?
gàn shén me

明天干什么? 내일 뭐 할 거야?
míng tiān gàn shén me

后天干什么? 모레는 뭐 할 거야?
hòu tiān gàn shén me

下个月干什么? 다음 달에는 뭐 할 건데?
xià gè yuè gàn shén me

중국어로 '하다'는 干(gàn)이라고 하며 '你干什么 (nǐgànshénme)?'라고 물으면 '너 뭐 하니?'가 됩니다. 앞에 시간을 넣어 '내일 뭐 할 거야' '모레 뭐 할 거야' 등으로 자주 쓰입니다. 특별한 계획이 없다면 '在家休息(집에서 쉬어)' 로도 대답해 볼 수 있습니다.

VOCA 시간 표현의 응용	
上个月 shànggeyuè 지난 달	
这个月 zhègeyuè 이번 달	
下个月 xiàgeyuè 다음 달	
刚才 gāngcái 방금	
稍后 shāohòu 조금 있다가, 조금 뒤에	
半个小时 bàngexiǎoshí 삼십분	
一个小时 yígexiǎoshí 한 시간	
两个小时 liǎnggexiǎoshí 두 시간	
半天 bàntiān 반나절, 오랫동안	
整天 zhěngtiān 꼬박 하루, 하루 동안	
上次 shàngcì 지난번	
这次 zhècì 이번	
下次 xiàcì 다음번	
每天 měitiān 매일	
每周 měizhōu 매주	
每个星期 měigexīngqī 매주	
每年 měinián 매년	
天天 tiāntiān 매일매일 (안 좋은 습관을 말함)	
今晚 jīnwǎn 오늘 저녁	
明晚 míngwǎn 내일 저녁	
昨晚 zuówǎn 어제 저녁	

중국이 궁금해요!

Q 짜장면이 한국 음식인가요?

한국의 중국 음식점에서 먹을 수 있는 짜장면은 한국 음식입니다. 중국에도 짜장면이 있으나 훨씬 기름지고 우리 짜장면과는 다른 맛이 납니다. 한국에서 짜장면을 시키면 단무지도 주고, 양파와 장도 주지만, 중국에서는 단무지도 주지 않으며, 양파도 주지 않습니다. 중국 음식점에 있는 대부분의 음식이 중국에도 있는 메뉴이나 그 맛은 대부분 한국화 되어, 중국 현지와는 다른 맛을 냅니다. 대체로 중국 현지 음식이 훨씬 기름집니다. 탕수육은 중국에서도 한국과 굉장히 비슷한 맛이 나고, 东北菜(dōng běi cài)라고 부르는 동북 지역 음식이 대체적으로 한국 음식과 유사한 맛을 냅니다.

今天吃什么?

오늘 뭐 먹지?

5-03.mp3

今天吃什么?
jīn tiān chī shén me

我也不知道。
wǒ yě bù zhī dào

麻辣烫怎么样?
má là tàng zěn me yàng

不要。
bú yào

火锅呢?
huǒguō ne

也不要。
yě bú yào

去肯德基吗?
qù kěn dé jī ma

这个可以。
zhè ge kě yǐ

我来买吧。
wǒ lái mǎi ba

那当然。
nà dāng rán

오늘 뭐 먹지?
나도 몰라.
마라탕 어때?
싫어.
샤브샤브는?
그것도 싫어.
KFC 갈까?
그게 좋겠다.
내가 살게.
당연하지.

술과 담배

喝酒吸烟, hējiǔ xīyān

전 세계 어디에서나 그렇듯 술과 담배는 중국에서도 빼놓을 수 없는 기호 식품입니다. 한국 술이 보통 20도를 넘지 않는 것에 비해, 중국의 고량주는 상상을 초월하는 도수를 자랑합니다. 수수를 발효시켜 만든 술인 고량주는 40도 정도는 보통이고 60도가 넘는 종류도 있지요. 물론 중국에서도 가볍게 맥주를 마시는 경우가 많지만 술을 잘 먹는 사람들을 보면 우리나라의 소주와는 비교되지 않을 정도의 도수의 술을 즐겨 마시는 모습을 볼 수 있습니다.

중국 하면 맥주 얘기 또한 빼놓을 수 없지요. 중국의 맥주 양조는 19세기 말에 중국에 들어온 독일이 산둥성 동부에 있는 도시 칭다오에 공장을 세우면서 시작되었습니다. 당시 여기서 만들었던 맥주는 외국인이나 특정 유산계급에게만 허용되던 음료였으나, 외세에서 해방된 뒤에는 대중들 사이에 널리 퍼져 일반 서민들에게도 친숙한 음료가 되었습니다. 중국의 값싸고 질 좋은 맥주는 이제 한국 사람에게도 많은 사랑을 받고 있지요.

중국에서 40도~70도 정도 되는 독한 고량주를 즐겨 마시는 성향은 담배에도 적용되는데요. 한국 담배의 니코틴 함량이 보통 10mg를 넘지 않는다면, 중국 담배는 기본 10mg부터 시작하여 12mg, 13mg, 14mg... 이보다 더한 담배도 있어서, 약한 담배를 피우는 한국 사람들을 힘들게 합니다. 이렇다보니 한국인들은 어쩔 수 없이 한국 담배를 찾게 되는데, 이 또한 가짜가 많아서 속상한 경우가 많습니다. 또 하나의 큰 차이점은 가격입니다. 담배 가격대가 대부분 비슷한 우리나라와 달리 중국은 주머니 사정에 따라 선택할 수 있도록 가격대가 천차만별입니다.

오늘은 시간명사에 대해 배워 보겠습니다.

今天 　오늘 (시간명사)
jīn tiān

今天去哪儿?　오늘 어디 가지?
jīn tiān qù nǎr

今天吃什么?　오늘 뭐 먹지?
jīn tiān chī shén me

今天喝什么?　오늘 뭐 마시지?
jīn tiān hē shén me

기본적으로 '오늘, 내일, 모레, 어저께, 그저께'는 반드시 알아
두어야 할 시간명사입니다. 각각 今天(jīntiān), 明天(míngtiān),
后天(hòutiān), 昨天(zuótiān), 前天(qiántiān)이라고 읽습니다.
한편 모레의 다음날인 글피는 大后天(dà hòu tiān)이라고
한다는 것도 알아두시기 바랍니다.

VOCA 한국인이 즐겨먹는 음식		
年糕	niángāo	떡볶이
米肠	mǐcháng	순대
紫菜包饭	zǐcàibāofàn	김밥
炸酱面	zhàjiàngmiàn	짜장면
麻面	mámiàn	짬뽕
糖醋肉	tángcùròu	탕수육
泡菜汤	pàocàitāng	김치찌개
大酱汤	dàjiàngtāng	된장찌개
海带汤	hǎidàitāng	미역국
土豆汤	tǔdòutāng	감자국
米肠汤	mǐchángtāng	순대국
炸鸡	zhàjī	프라이드 치킨
裹酱鸡	guǒjiàngjī	양념 치킨
汉堡包	hànbǎobāo	햄버거
意大利面	yìdàlìmiàn	스파게티
披萨	pīsà	피자
沙拉	shālā	샐러드
薯条	shǔtiáo	감자튀김
海鲜	hǎixiān	해산물

Q 중국 패스트푸드점은 어떤가요?

한국보다는 확실히 저렴합니다. 우리의 세트 메뉴가 보통 5천 원대라고 할 때, 중국은 점심 특가로 3천 원 선이면 해결이 가능합니다. KFC가 맥도널드보다 조금 비싼 면이 있긴 하지만, 점심때는 모두 특가에 들어가기 때문에 15~20위안(한화 약 3천 5백 원)이면 해결이 가능합니다. 그밖에 란조우라면(兰州拉面, lánzhōu lāmiàn)이나 마라탕(麻辣烫, málàtàng) 같은 중국 현지 식당을 이용한다면, 더욱 더 저렴하게 식사할 수 있습니다. 유학생들의 사랑을 받는 란조우라면의 칼국수(刀削面, dāoxiāomiàn) 같은 경우 한화 2천 원이면 푸짐한 식사가 가능하며, 마라탕 역시 한화 3천 원 정도면 푸짐한 식사를 할 수 있습니다. 일단 저렴한 가격으로 먹을 수 있는 메뉴가 많기 때문에, 선택의 폭이 넓다는 것이 중국의 장점입니다. 햄버거 역시 질 좋은 고기를 사용하기 때문에, 한번 먹어보면 상당히 괜찮은 느낌을 받습니다.

看电影吧!
영화 보자!

 5-04.mp3

- 看电影吧!
  kàn diàn yǐng ba

- 就在家对面看吧。
  jiù zài jiā duì miàn kàn ba

- 你来买爆米花。
  nǐ lái mǎi bào mǐ huā

- 你不是不吃爆米花吗?
  nǐ bú shì bù chī bào mǐ huā ma

- 今天想吃了。
  jīn tiān xiǎng chī le

- 可乐呢?
  kě lè ne

- 我要大杯的。
  wǒ yào dà bēi de

- 영화 보자!
- 집 맞은편에서 보자.
- 팝콘은 니가 사.
- 팝콘 안 먹지 않았어?
- 오늘따라 먹고 싶네.
- 콜라는?
- 큰 컵으로.

VOCA

看电影 kàndiànyǐng 영화 보다
就 jiù 바로
对面 duìmiàn 맞은편
爆米花 bàomǐhuā 팝콘
可乐 kělè 콜라
大杯 dàbēi 큰 컵

홍콩은 숙박 요금이 비싸요

香港, xiānggǎng

홍콩과 마카오는 한국인이라면 꼭 한번 가보고 싶은 도시입니다. 두 도시가 같이 붙어있기 때문에 보통 패키지로 갔다 오는데요. 저도 아내와 다녀온 적이 있습니다. 홍콩의 불편한 점을 꼽으라고 하면, 숙박할 곳이 마땅치 않다는 것입니다. 인구가 많아서인지 많은 여행객을 수용할 숙박 시설이 부족해 보였습니다. 저희가 간신히 구한 곳은 단칸방에 가까울 만큼 작은 민박집이었는데, 1박에 한화 7만 원을 냈습니다. 숙박만 놓고 본다면 홍콩은 상당히 불편한 여행지일 수가 있는데요. 바로 옆에 붙어있는 섬 마카오만 하더라도 숙박시설이 많고, 가격도 비싸지 않습니다. 홍콩과 마카오로 3박 4일 여행을 떠나신다면, 1박은 홍콩에서 2박은 마카오에서 묵는 것이 경제적으로 더 나을 수 있습니다. 홍콩에서 마카오까지는 배를 타고 40분 정도 소요됩니다.

오늘은 '할 수 있다'라는 표현에 대해 알아보겠습니다.

我会 ~
wǒ huì
나 (그거) ~ 할 줄 알아

我会吃。
wǒ huì chī
(그 음식) 나 먹을 줄 알아.

我会喝。
wǒ huì hē
(그 술) 나 마실 줄 알아.

我会写。
wǒ huì xiě
(그 한자) 나 쓸 줄 알아.

앞서 '할 수 있다'는 표현으로 可以(kěyǐ)에 대해 배웠습니다.
会(huì)는 可以(kěyǐ)와 더불어 '~ 할 수 있다'는 뜻을 가집니다.
반대로 부정문을 만들려면 앞에 不만 붙여주면 됩니다. '我不会' 하면 '할 수 없어, 못해'라는 뜻이 되는 것입니다.
会(huì) 역시 정반의문문으로 만들 수 있습니다.
'会不会吃?' '会不会喝?' '会不会写?' 등으로도 연습해 보세요.

VOCA 영화관에서	
电影 diànyǐng	영화
选 xuǎn	선택하다
前面 qiánmian	앞 부분
中间 zhōngjiān	중간 부분
后面 hòumian	뒷 부분
打折 dǎzhé	할인
优惠 yōuhuì	할인
排队 páiduì	줄 서다
没有票 méiyǒupiào	표가 없다
太吵 tàichǎo	시끄럽다
爱情片 àiqíngpiàn	멜로 영화
历史片 lìshǐpiàn	역사 영화
恐怖片 kǒngbùpiàn	공포 영화
太长 tàicháng	너무 길다
没意思 méiyìsi	재미없다

Q 중국 영화를 봤는데, 왜 한자 자막을 넣는 거죠?

아주 예리한 질문입니다. 한국에서 우연히 중국 채널을 틀거나, 중국에서 중국 TV나 영화를 보면 우리와는 다른 점을 발견하게 됩니다. 바로 왼쪽 하단에 자막이 들어간다는 것이지요. 중국어로 말하는 영상에 중국어 자막을 넣는다는 게 자칫 이상해 보일 수도 있지만, 조금만 생각해보면 쉽게 답이 나옵니다. 무려 56개의 민족으로 이루어진 중국은 우리나라와는 비교할 수 없을 만큼 넓디넓은 나라입니다. 그렇기 때문에 지역마다 사투리가 심해 서로 알아 듣기 어려운 경우도 많습니다. 쉽게 말해 '한 지역이 한 국가다'라고 말할 수 있는 것이지요. 또 표준어를 배우지 못한 사람도 있고, 자기 지역 말밖에 알아듣지 못하는 사람도 많습니다. 따라서 중국에서는 TV에서 자막 삽입을 필수로 하고 있으며, 사소한 광고까지도 자막을 넣어 사람들의 이해를 돕고 있습니다.

下午茶是什么?
오후 차가 뭐야?

 5-05.mp3

下午茶是什么?
xià wǔ chá shì shén me

跟我来吧。
gēn wǒ lái ba

啊, 我知道了!
a, wǒ zhī dào le

什么?
shén me

就是在下午喝茶。
jiù shì zài xià wǔ hē chá

你才知道吗?
nǐ cái zhī dào ma

你走那么快干嘛?
nǐ zǒu nà me kuài gàn ma

四点以前是打对折。
sì diǎn yǐ qián shì dǎ duì zhé

原来是这样啊。
yuán lái shì zhè yàng a

快点, 快要结束了。
kuài diǎn, kuài yào jié shù le

- 오후 차가 뭐야?
- 나만 따라와.
- 아, 알겠다!
- 뭔데?
- 오후에 차 마시는 거잖아.
- 이제 알았어?
- 뭘 그리 서둘러?
- 4시 이전에 반값이거든.
- 그런 거였구나.
- 빨리 와, 곧 끝나겠다.

진짜 차, 중국 차

喝茶, hē chá

중국에 한번 다녀온 분들은 '이, 내가 지금까지 마시던 차는 진짜가 아니었구나'라고 생각하게 됩니다. 그만큼 중국차는 리얼리티를 자랑하지요. 우리나라에서 '차' 하면 흔히 티백 일회용 차를 생각하기 쉬운데요. 그만큼 우리는 차와 친하지 못하지요. 그럼 중국은 어떨까요? 우리가 자고 일어나면 마시는 커피만큼이나 중국인은 차와 친숙합니다. 게다가 차의 재배지로도 유명해서 마시는 차마다 오리지널 잎과 재료를 사용합니다. 세계 3대 음료 중 하나에 속하는 차의 고향이 중국이라고 해도 무방할 만큼 중국은 '차 문화'가 발달해 있습니다. 크게 6가지의 종류로 '녹차, 홍차, 우롱차, 흑차, 백차, 황차'로 나눌 수 있는데요. 지역마다 발달한 구체적인 차의 종류를 직접 세어본다면 그 수는 이루 말할 수가 없겠지요. 우리가 익숙한 녹차는 항저우의 '서호 용정차'가 유명하고, '윈난성의 보이차' 역시 빼놓을 수 없는 마실 거리입니다.

이전에 '무엇'이라는 표현을 배웠지요. 오늘은 조금 더 들어가 보겠습니다.

~ 是什么? ~가 뭔데?
shì shén me

这是什么? 이게 뭐야?
zhè shì shén me

那是什么? 그게 뭐야?
nà shì shén me

下午茶是什么? 오후 차가 뭐야?
xià wǔ chá shì shén me

这(zhè)는 '이것, 이'라는 뜻으로 가까이 있는 사람이나
사물을 가리킬 때 씁니다. 那(nà)는 '그것'이라는 뜻으로
눈에는 보이지만 멀리 있는 사람이나 사물을 가리킬 때
씁니다. 대답은 '这是 + 명사' '那是 + 명사'로 각각 말할 수
있습니다. 이 표현을 능숙하게 하려면 우리가 흔히
쓰는 여러 가지 명사를 익혀둘 필요가 있습니다.

VOCA 차와 음료	
茶 chá 차	
红茶 hóngchá 홍차	
绿茶 lǜchá 녹차	
乌龙茶 wūlóngchá 우롱차	
普洱茶 pǔěrchá 보이차	
奶茶 nǎichá 중국식 우유차	
咖啡 kāfēi 커피	
可可 kěkě 코코아	
豆浆 dòujiāng 중국식 두유	
牛奶 niúnǎi 우유	
酸奶 suānnǎi 요플레	
雪碧 xuěbì 사이다	
啤酒 píjiǔ 맥주	
米酒 mǐjiǔ 막걸리	
红酒 hóngjiǔ 와인	
白酒 báijiǔ 고량주	
烧酒 shāojiǔ 소주	
白开水 báikāishuǐ (끓인) 물	
矿泉水 kuàngquánshuǐ 생수	

Q 중국인은 커피를 안 마시나요?

아직까지 대부분의 사람들이 커피와 친하지 않다고 보시면 됩니다. 우리는 아침에 일어나서 마시는 모닝커피 한잔에 익숙해져 있지만, 중국인들은 커피 대신 차를 마십니다. 한국 어디서나 볼 수 있는 커피 자판기를 중국에서는 찾아볼 수 없으며, 커피의 맛도 우리처럼 맛있지가 않습니다. 최근 들어 중국 대도시를 중심으로 세계적인 커피 브랜드 매장이 많이 들어섰지만, 중국 전체를 놓고 본다면 중국인은 아직까지 커피와 친하지 않습니다. 커피 한 잔만 마셔도 밤에 잠을 못 자겠다는 사람들이 많고, 심장박동이 증가하고 써서 못 마시겠다, 무슨 맛으로 마시냐고 오히려 묻는 사람들도 많이 있습니다. 한편 한국산 커피 믹스가 중국에서는 매우 인기가 높은데, 중국 현지 커피가 아직까지 맛이 별로라는 것이 그 이유이기도 합니다.

去唱首歌吧!
노래 부르러 가자!

 5-06.mp3

去唱首歌吧!
qù chàng shǒu gē ba

我不会唱。
wǒ bú huì chàng

听我唱吧。
tīng wǒ chàng ba

好啊。
hǎo a

多少钱一个小时?
duō shao qián yí ge xiǎo shí

三个小时三十八。
sān ge xiǎo shí sān shí bā

怎么那么便宜?
zěn me nà me pián yi

因为是平日下午啊。
yīn wèi shì píng rì xià wǔ a

● 노래 부르러 가자!
● 나 노래 못하잖아.
● 내 노래 들어.
● 그러지 뭐.
● 한 시간에 얼마야?
● 세 시간에 38위안.
● 어떻게 그렇게 싸?
● 평일 오후잖아.

VOCA

唱歌 chànggē 노래 부르다
首 shǒu 곡
听 tīng 듣다
怎么 zěnme 어떻게
因为 yīnwèi 왜냐하면
平日 píngrì 평일

노래 부를 때는 멜로디만 생각해요
唱歌, chàng gē

어느 날 수업 중에 뜬금없는 질문을 받았습니다. 중국어는 4개의 성조가 있는데, 그럼 노래는 어떻게 부르냐는 것이었습니다. 결론부터 말씀드리면, 노래 부를 때 성조는 생각하지 않습니다. 즉, 노래의 멜로디만 생각한다는 것이지요. 그러면 노래를 통해 중국어를 배우면 훨씬 쉽겠다고 말씀하시는 분들도 계십니다. 그러나 노래에 나오는 단어가 쉽지만은 않다는 것이 문제입니다. 흔히 우리는 중국어에는 언어 속에 4개의 성조가 있기 때문에 중국인들은 어느 정도 노래를 잘할 것이라는 추측을 합니다. 저도 그랬고요. 그러나 생각보다 노래를 잘하는 중국인들은 많지 않습니다. 개인적인 생각으로는 노래는 한국 사람이 더 잘하는 것 같습니다. 어느 정도 중국어를 배웠다면, 중국어 노래를 배워 보시는 것도 좋을 것 같습니다.

유용한 표현

이전에 '할 수 있어' 표현을 배워봤지요. 오늘은 '할 수 없어'에 대한 여러 가지 표현을 한번 보도록 하겠습니다.

我不会 ~ 나 ~할 줄 몰라 / 못 해
wǒ bú huì

我不会吃。 (그 음식) 나 못 먹어.
wǒ bú huì chī

我不会喝。 (그 술) 나 못 마셔.
wǒ bú huì hē

我不会写。 (한자) 나 쓸 줄 몰라.
wǒ bú huì xiě

会 는 可以 와 더불어 '~ 할 수 있다'는 뜻이라고 했습니다. 하지만, 可以는 '~ 해도 좋다'라는 허락의 뜻도 가지고 있습니다. 따라서 不可以(bùkěyǐ)라고 하면 '~ 하면 안 된다, ~ 해서는 안 된다'는 뜻이 됩니다. 会 와 可以는 모두 조동사로써, 뒤에 동사가 올 수 있습니다.
이 밖에 앞서 배웠던 조동사 想, 要, 能과 그 밖에 조동사 可能(kěnéng), 敢(gǎn), 应该(yīnggāi), 该(gāi), 愿意(yuànyì), 肯(kěn) 등도 있다는 것 알아두세요. 참고로, 중국에서는 조동사(助动词)를 능원동사(能愿动词)라고 합니다.

VOCA 취미 1

看电视 kàndiànshì TV 보기
听音乐 tīngyīnyuè 음악 듣기
喝茶 hēchá 차 마시기
做菜 zuòcài 요리하기
打扫 dǎsǎo 청소하기
洗碗 xǐwǎn 설거지하기
买东西 mǎidōngxi 물건사기
睡觉 shuìjiào 잠 자기
喝咖啡 hēkāfēi 커피 마시기
呆着 dāizhe 멍하니 있기
打篮球 dǎlánqiú 농구하기
打棒球 dǎbàngqiú 야구하기
踢足球 tīzúqiú 축구하기
打羽毛球 dǎyǔmáoqiú
　　　　배드민턴 하기
打乒乓球 dǎpīngpāngqiú
　　　　탁구치기
游泳 yóuyǒng 수영하기
散散步 sànsànbù 산책하기
爬山 páshān 등산하기
聊天 liáotiān 잡담하기
看棒球 kànbàngqiú
　　　　야구경기 보기
看足球 kànzúqiú 축구경기 보기

중국이 궁금해요!

Q 중국 과일 가격은 어떤가요?

제가 처음 중국에 갔을 때 망고를 한 상자 가까이 먹은 기억이 있습니다. 그 한 상자가 당시 100위안(한화 1만 8천 원) 정도 했으니, 과일이 얼마나 싸고 풍부한지를 알 수 있습니다. 쉬운 예로, 100위안 인민폐를 가지고 현지 시장에 가면 살 수 있는 것들이 아주 많습니다. 또한 과일의 종류가 우리나라와는 비교할 수 없을 만큼 풍부합니다. 땅이 넓기 때문에 종류가 많고, 양도 많은 것이겠지요. 과일이 풍부한 중국은 과일을 개당 팔지 않습니다. 한 근 500g 기준으로 판매를 하고, 가격도 그리 비싸지 않습니다. 중국에 가면 시원한 맥주와 과일, 그리고 발 마사지를 꼭 받으라는 말이 있습니다. 그만큼 한국에서는 접할 수 없는, 그리고 드문 과일들이 중국에는 많고도 많습니다. 과일을 좋아하는 사람이라면 중국은 천국이 될 수도 있습니다. 망고만 하더라도 만 원으로 세 개 정도 살 수 있는 우리나라와 달리, 만 원이면 배가 터질 만큼 먹을 수 있는 곳이 중국입니다.

别去桑拿了!
사우나 좀 그만 가!

 5-07.mp3

○ **别去桑拿了!**
bié qù sāng ná le

○ **没事干啊。**
méi shì gàn ā

○ **毕业论文呢?**
bì yè lùn wén ne

○ **已经交掉了。**
yǐ jīng jiāo diào le

○ **你什么时候开始工作?**
nǐ shén me shí hou kāi shǐ gōng zuò

○ **我还是学生啊!**
wǒ hái shì xué sheng a

○ **又说这句话。**
yòu shuō zhè jù huà

○ **一起去吗?**
yì qǐ qù ma

○ **没兴趣!**
méi xìng qù

● 사우나 좀 그만 가!
● 할 일이 없잖아.
● 졸업 논문은?
● 낸지 오래야.
● 언제까지 놀 거야?
● 나 아직 학생이잖아!
● 또 그 소리네.
● 같이 갈래?
● 재미없어!

别~ bié ~하지 마라
桑拿 sāngná 사우나, 찜질방
毕业 bìyè 졸업
论文 lùnwén 논문
交 jiāo 제출하다
开始 kāishǐ 시작하다
工作 gōngzuò 일
还是 háishì 아직은
又 yòu 또
没兴趣 méixìngqù 재미없다,
　　　　　 관심이 없다

청년 문제는 같이 풀어가요

尼特族, nítèzú

흔히 니트족(尼特族, nítèzú)이라고 하는 사람들은 몸이 건강한데도 아무것도 하지 않는 사람들을 말합니다. 몸은 건강한데 학교를 다니지도 않고, 가사일도 하지 않으며, 미래를 위한 공부나 훈련, 생산성 있는 활동을 전혀 하지 않는 니트족은 쉽게 말해 모든 것을 포기한 상태라고 할 수 있습니다. 이들은 아르바이트조차 하지 않으며, 절대적으로 먹고, 자고, 노는 활동에만 익숙해져있습니다. 1990년대 영국에서 시작하여 일본으로 빠르게 확산되었으며, 일본에서의 숫자만 100만 명에 이른다고 합니다. 우리나라도 2010년대 이후 급격하게 늘어 현재 80만 명 정도로 추산되고 있습니다. 사실 이 문제는 전 세계가 같이 풀어나가야 할 숙제인데요. 니트족은 일할 생각이 전혀 없기 때문에, 구직을 원하지만 일거리를 찾지 못하는 사람들과는 다릅니다. 현재 이러한 니트족 인구는 꾸준히 증가 추세에 있습니다.

유용한 표현

오늘은 어기조사 呢(ne)에 대해 배워보도록 하겠습니다.

인칭대명사 + **呢?** ~는?
ne

你呢? (나 오늘 거기 갈 건데) 너는?
nǐ ne

我呢? (딴 여자들은 다 선물 받았는데) 나는?
wǒ ne

他呢? (갑자기 안 보이네) 그 아이는?
tā ne

어기조사 呢(ne)는 '느어'라고 읽으며, 빨리 읽으면 '너'가 됩니다.
문장의 끝에 오며, 우리말로는 '~는' 정도로 해석됩니다.
어기조사는 문장의 끝에 쓰여, 문장을 부드럽게 해주는
역할을 합니다. 그 밖에 자주 쓰이는 어기조사로는 이전에
배웠던 吧(ba)와 啊(a)가 있다는 것도 참고하시기 바랍니다.
어기조사는 모두 문장의 맨 끝에 위치한다는 공통점이
있습니다.

学习 xuéxí 공부하기
看书 kànshū 독서하기
考试 kǎoshì 시험보기
考资格证 kǎozīgézhèng
　　　　　자격증 따기
去图书馆 qùtúshūguǎn
　　　　　도서관 가기
背单词 bèidāncí 단어 외우기
听广播 tīngguǎngbō
　　　　　라디오 듣기
开车 kāichē 운전하기
去旅游 qùlǚyóu 여행가기
玩电脑 wándiànnǎo
　　　　　컴퓨터 하기
玩手机 wánshǒujī
　　　　　휴대폰 만지작거리기
上网 shàngwǎng 인터넷 하기
逛街 guàngjiē 거리 쇼핑하기
骑摩托车 qímótuōchē
　　　　　오토바이 타기
骑自行车 qízìxíngchē
　　　　　자전거 타기
看报纸 kànbàozhǐ 신문보기
看杂志 kànzázhì 잡지보기

중국이 궁금해요!

Q 자녀 중국어 교육을 시키려고 합니다. 언제가 가장 좋을까요?

요즘 워낙 조기 교육 열풍이 불어서, 아이들이 힘든 나날을 보내고 있습니다. 초등학생만 보더라도 학교 갔다 와서 이것저것 할 일이 아주 많은데요. 단도직입적으로 말씀드리자면, 중국어는 쉬운 언어가 아닙니다. 기초를 쉽게 배울 수는 있으나, 내용이 진전되면 진전될수록 많이 어려워지는 것이 중국어입니다. 그 가운데는 한자가 있습니다. 초등학교 저학년 때부터 교육을 시키는 부모님들이 계시는데, 개인적으로는 초등학교 고학년, 그러니까 최소 5~6학년은 돼서 공부하는 것이 좋다고 생각합니다. 일단 공부를 하려면 기본적으로 집중력이 필요한데, 그 집중력이 생기는 시기를 5~6학년 정도로 보는 겁니다. 중학교에 입학하여 중국어를 배우기 시작한다면, 가장 좋은 효과를 낳을 수 있을 것이라 생각합니다. 또한 무턱대고 아이에게 강요할 것이 아니라, 아이 본인이 한자와 중국어를 좋아하는지 여부를 반드시 물어봐야 합니다.

중국에서 결혼했어!

嫁给我吧!
나랑 결혼해줘!

🎧 6-01.mp3

爱你。
ài nǐ

听腻了。
tīng nì le

嫁给我吧!
jià gěi wǒ ba

真的吗?
zhēn de ma

真的!
zhēn de

戒指呢?
jiè zhǐ ne

明年买。
míng nián mǎi

为什么?
wèi shén me

我还是学生。
wǒ hái shì xué sheng

- 사랑해.
- 질리도록 들었어.
- 나랑 결혼해줘!
- 진심이야?
- 진짜로!
- 반지는?
- 내년에 사줄게.
- 왜?
- 나 아직 학생이잖아.

嫁 jià 시집가다
爱 ài 사랑하다
腻 nì 질리다
戒指 jièzhǐ 반지

선물도 가려서 해야 해요
送礼物, sòng lǐwù

중국 사람들은 금기시하는 선물이 있습니다. 그 선물의 명칭이 길하지 않은 뜻을 갖거나, 뜻이 안 좋은 다른 단어와 발음이 같다는 이유 때문이에요. 예를 들면, 시계(送钟)는 받는 사람으로 하여금 '갈 시간이 되었다, 이젠 하늘나라로 가야한다'는 의미를 줄 수 있으므로 선물하기를 기피합니다. 약을 선물하는 것(送药) 역시 상대방이 '앞으로도 약을 많이 먹기를 바란다'라고 오해할 수 있으므로 삼가는 편이지요. 우산은 발음이 '우리 이만 헤어지자'는 散(sàn)과 비슷하고, 먹는 배 역시 '헤어지자'라는 뜻을 가진 离(lí)와 발음이 비슷해서 선물하기를 꺼리는 편입니다. 그러나 모든 것이 어디까지나 미신일 뿐이고 절대적인 것은 아닙니다. 비 오는 날에 친구에게 우산을 준다거나 시험을 앞둔 친구에게 시계를 주는 것은 오히려 큰 도움이 될 수 있지요. 그러한 의미가 있다는 것만 참고하세요. 한편, 술과 담배는 중국인들이 가장 흔하게 선물하는 품목입니다.

유용한 **표현**

오늘은 '강조' 표현에 대해 알아보겠습니다.

我就想 + 동사 ~를 꼭 하고 싶다니까
wǒ jiù xiǎng

我就想剪。 (머리) 꼭 자르고 싶다니까.
wǒ jiù xiǎng jiǎn

我就想吃。 (그 음식) 꼭 먹고 싶다니까.
wǒ jiù xiǎng chī

我就想去。 (거기) 꼭 가고 싶어.
wǒ jiù xiǎng qù

'꼭, 반드시'라고 콕 짚어 강조할 때에는
就(이룰 취, 성취할 취)를 사용합니다. 이 就(jiù)의 용법은
너무나도 많으니 하나하나 익힐 필요가 있습니다.
한편 조동사 想(xiǎng) 대신 다른 조동사가 와 주어도
문장이 성립 됩니다. '我就要吃' '我就得吃' 등 상황에
맞는 조동사만 와 주면 되는 것입니다.

VOCA 한국인의 성씨 1	
金 jīn 김	
李 lǐ 이	
朴 piáo 박	
崔 cuī 최	
郑 zhèng 정	
姜 jiāng 강	
赵 zhào 조	
尹 yǐn 윤	
张 zhāng 장	
林 lín 임	
吴 wú 오	
韩 hán 한	
申 shēn 신	
徐 xú 서	
权 quán 권	
黄 huáng 황	
安 ān 안	
宋 sòng 송	
柳 liǔ 류	

중국이 궁금해요!

Q 중국 결혼식에서는 축의금을 얼마나 내나요?

한국에서는 보통 5만 원이나 10만 원을 내지요. 이 금액을 결정짓는 기준의 하나는 '내가 먹는 밥값이 얼마나' 하는 것인데요. 한국에서 식대는 보통 5만 원 선이기에, 축의금으로 5만 원만 내도 괜찮은 것이지요. 그렇다면 중국은 어떨까요? 중국은 우리나라처럼 뷔페가 아니라, 테이블 당으로 계산됩니다. 즉, 원탁 테이블에 보통 10명이 앉게 되는데, 이 테이블 당 올라오는 음식의 가격이 한화 100만 원(6000위안)을 기본으로 합니다. 결혼식 식탁에 올라오는 바닷가재 한 마리의 가격이 한화 30만 원 정도로 책정되기 때문에, 100만 원이라고 해봤자 10가지에서 15가지 음식 정도가 올라온다고 보면 되겠습니다. 보통 한 테이블당 10명이 앉기에, 한 사람이 지불해야 하는 밥값은 보통 10만 원 정도(600위안)가 됩니다. 그렇다고 10만 원만 내는 사람은 드물고 1000위안~1500위안, 한화 18만 원에서 25만 원 선이 가장 많다고 보면 되겠습니다. 축의금을 왜 이렇게 많이 내냐고 하는 분도 계실 텐데, 중국에서 결혼식이 가지는 의미와 그날 음식의 가격을 생각하면 어느 정도 이해할 수 있을 겁니다.

去我们家吧。

우리 집에 가자.

6-02.mp3

○ 去我们家吧。
qù wǒ men jiā ba

○ 为什么?
wèi shén me

○ 见家长啊。
jiàn jiā zhǎng a

○ 要买点什么?
yào mǎi diǎn shén me

○ 空手来也可以。
kōng shǒu lái yě kě yǐ

○ 要买点东西的。
yào mǎi diǎn dōng xi de

○ 那买点水果吧。
nà mǎi diǎn shuǐ guǒ ba

○ 苹果要吗?
píng guǒ yào ma

○ 芒果, 一箱。
máng guǒ, yì xiāng

- 우리 집에 가자.
- 왜?
- 부모님 뵈러.
- 뭘 사가야 할까?
- 그냥 와도 돼.
- 그래도 뭐라도 사가야지.
- 그럼 과일이나 좀 사와.
- 사과 사갈까?
- 망고 사와, 한 상자.

VOCA

见 jiàn 만나다, 뵙다
家长 jiāzhǎng 가장, 부모님
空手 kōngshǒu 빈손
水果 shuǐguǒ 과일
苹果 píngguǒ 사과
芒果 mángguǒ 망고
一箱 yìxiāng 한 상자

집값이 너무해요
房价, fáng jià

한국이나 중국이나 집 문제는 젊은이들에게 있어서 큰 고민거리입니다. 전세 자금 모으기가 하늘의 별 따기인 한국이나, 이러한 전세 제도조차 거의 없는 중국이나, 젊은이에게는 모두 어려운 과제를 던져주는 사회입니다. 2016년 현재 상하이의 신규 주택 1㎡당 평균 집값은 전년보다 15% 오른 3만 6천 935위안(한화 약 663만 원)이며, 베이징은 3만 4천 981위안(한화 약 628만 원)입니다.

부모님이 경제적 여유가 있다면 어느 정도 도움을 받아 자신이 성취하고자 하는 바를 이룰 수 있지만, 그렇지 못한 사람들은 순전히 한 푼 한 푼 모아 자신의 미래를 준비해야 합니다. 대학졸업자의 초봉이 한화 약 1500만 원인 중국에서 평당 1000만 원 하는 집을 사려면, 20평 아파트를 산다고 가정했을 때 20년을 돈 한 푼 안 쓰고 꼬박 모아야 한다는 절망적인 결론이 나옵니다. 우리 부모님 세대에는 아무것도 없이 결혼 생활을 시작해도 열심히 일해서 집도 장만하고 저축도 할 수 있었습니다. 그러나 이제는 부모님 도움 없이는 독립도 결혼도 할 수 없는 시대가 온 것이 아닌지 염려스럽습니다.

상황이 이러니 도시로 일하러 올라온 노동자의 경우 월세 부담이 적은 '合租房(다 같이 한집에 모여 월세를 사는 방식)'을 택하는 경우가 많으며, 대부분 돈을 저축할 수 있는 '包吃包住(일터에서 먹여주고 재워주는 방식)'를 선호합니다. 한편 중국 언론 보도에 따르면 올해 들어 신흥 산업도시인 선전(深圳, Shēnzhèn) 신규 주택의 1㎡당 평균 집값이 4만 2천 591위안(한화 765만 원)을 기록해 베이징, 상하이를 제치고 중국에서 집값이 가장 비싼 도시가 됐다고 합니다.

유용한 표현

오늘은 정도부사 很(hěn)에 대해 알아보겠습니다.

我很 ~　내가 지금 말이야
wǒ hěn

我很开心。　나 무지 즐거워.
wǒ hěn kāi xīn

我很紧张。　나 엄청 긴장돼.
wǒ hěn jǐn zhāng

我很害怕。　나 엄청 무서워.
wǒ hěn hài pà

很(hěn)은 '아주, 매우, 엄청, 심히'라는 부사입니다.
'정도의 심함'을 나타내기에 '정도 부사'라고도 합니다.
부사는 보통 뒤에 서술어가 와서 '부사어 + 술어'의 형태를
이룹니다. 그 밖에 자주 쓰이는 정도부사로 非常(fēi cháng),
比较(bǐ jiào), 不太(bú tài) 등도 있다는 것 참고하세요.
非常(fēi cháng)은 很(hěn)과 마찬가지로 정도의 매우 심함을
나타내고 比较(bǐ jiào)는 '비교적 ~ 하다'라는 뜻을 가진
부사입니다. 不太(bú tài)는 '그다지 ~ 하지 않다'
'별로 ~ 하지 않다'라는 뜻을 가지고 있습니다.

VOCA 한국인의 성씨 2	
洪 hóng	홍
全 quán	전
高 gāo	고
文 wén	문
孙 sūn	손
梁 liáng	양
裴 péi	배
曹 cáo	조
白 bái	백
许 xǔ	허
南 nán	남
沈 shěn	심
刘 liú	유
卢 lú	노
河 hé	하
田 tián	전
丁 dīng	정
成 chéng	성
郭 guō	곽
车 chē	차
具 jù	구

중국이 궁금해요!

Q 중국에는 전세가 없나요?

네, 그렇습니다. 정확히 말씀드리면 없다기보다 보기 힘듭니다. 중국의 주거 형태는 집을 사든지, 아니면 월세를 살든지 이렇게 크게 두 가지로 나뉩니다. 또 하나의 주거 형태로 合租房(hézūfáng)이 있는데, 타지에서 올라온 사람들끼리 조금씩 모아 월세를 사는 것을 말합니다. 타지에서 올라온 사람들 대부분은 돈을 벌기 위해 왔기 때문에 돈이 많지 않습니다. 그렇기 때문에 한 푼이라도 아끼기 위해 다른 사람들과 같이 월세를 살지요. 보통 회사나 본인이 일하는 가게에서 제공하는 경우가 많으며, 공간이 굉장히 작다는 단점이 있지만 반대로 월급의 대부분을 그대로 저축할 수 있다는 장점도 있습니다. 중국 역시 빈부격차가 심한 편이라서, 좋은 가정에서 태어나면 한평생 잘 살고, 힘든 가정에서 태어나면 한 평생 힘들게 사는 경우가 많습니다.

这是什么?
이게 뭐야?

 6-03.mp3

这是什么?
zhè shì shén me

结婚证。
jié hūn zhèng

结婚证是什么?
jié hūn zhèng shì shén me

就是结婚给你发的证书。
jiù shì jié hūn gěi nǐ fā de zhèng shū

真漂亮!
zhēn piào liang

还有离婚证呢。
hái yǒu lí hūn zhèng ne

你开玩笑吧!
nǐ kāi wán xiào ba

真的有。
zhēn de yǒu

好新奇!
hǎo xīn qí

- 이게 뭐야?
- 결혼증이야.
- 결혼증이 뭔데?
- 말 그대로 결혼하면 주는 거.
- 정말 예쁘네.
- 이혼증도 있어.
- 농담하는 거지!
- 진짜로 있어.
- 신기하네!

VOCA

结婚证 jiéhūnzhèng 결혼증
就是 jiù shì 바로 ~이다
发 fā 발급하다, 주다
证书 zhèngshū 증서
漂亮 piàoliang 예쁘다
离婚证 líhūnzhèng 이혼증
开玩笑 kāi wánxiào 농담하다, 장난치다
新奇 xīnqí 신기하다

이혼하려면 이혼증도 만들어야 돼요
离婚证, líhūnzhèng

중국은 참 이런 증서들이 많습니다. 특히 눈에 들어오는 것이 결혼증과 이혼증인데요. 결혼증이야 그렇다고 하더라도, 이혼증은 참 낯선 단어네요. 저 역시 아내와 결혼하면서 중국에서 결혼증을 발급받았습니다. 결혼증을 발급받을 때에는 소정의 절차가 있는데, 먼저 결혼식을 올릴 때처럼 두 사람이 '서로 파뿌리가 될 때까지 사랑하겠다'는 간단한 증서를 읽어야 합니다. 이렇게 서약서까지 읽고 나서야 결혼증을 받을 수 있는데요. 이 결혼증 창구 바로 맞은편에는 이혼증을 발급해주는 창구가 있습니다. 불과 몇 미터를 거리에 두고 분위기는 완전히 다른데요. 이혼증 창구에 상당히 많은 사람들이 줄을 서있는 것이 눈에 들어오더군요. 결혼증, 이혼증 모두 휴대할 수 있는 크기의 자격증 형태로 발급되며, 본인이 소장하고 있어야 합니다.

유용한 표현

오늘은 '보다'라는 뜻을 가진 동사 看(kàn)에 대해 알아보겠습니다.

你看 ~ ~좀 봐
nǐ kàn

你看这个。 이것 좀 봐.
nǐ kàn zhè ge

你看那个。 저것 좀 봐.
nǐ kàn nà ge

你看他。 쟤 좀 봐.
nǐ kàn tā

'보다'라는 동사는 중국어로 看(kàn)이라고 합니다. 앞서 가까이에 있는 특정한 사물 '이것'을 这个(zhège)라고 하며, 멀리보이는 '그것'을 那个(nà ge)라고 한다고 했습니다. 看(kàn) 대신 吃, 喝, 听 등 다른 동사들을 넣어 연습해 보면 좋습니다.

중국이 궁금해요!

Q 중국인과 혼인신고 하려면 절차가 복잡한가요?

요즘 들어 외국인 배우자를 선택하는 사람들이 늘어나면서, 결혼하는 10쌍 중 1쌍이 국제결혼이라고 합니다. 만 명 중에 천 명은 외국인과 결혼한다는 것인데요. 최근 들어, 폭발적으로 증가한 수치이지요. 중국인과 결혼을 하려면, 일단 두 사람이 일정 기간 이상 연애를 했다는 증거를 제출해야 합니다. 워낙 소개로 하는 결혼이 많다보니 결혼한 지 얼마 되지 않아 헤어지는 경우가 상당히 많은데요. 이를 방지하기 위해 두 사람이 오랫동안 연애를 했다는 증거를 일차적으로 제출해야 합니다. 저 같은 경우 군대에 있을 때 쓴 손 편지와 군대 가기 전 같이 찍은 사진을 제출했는데요. 이전에 비하면 절차가 많이 까다로워졌지만, 일단 자유연애를 통한 결혼이라는 것이 증명만 되면 쉽게 통과가 되니 큰 걱정은 하지 않아도 됩니다.

拍婚纱照吧。
웨딩 촬영 하자.

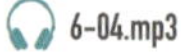 6-04.mp3

拍婚纱照吧。
pāi hūn shā zhào ba

在哪里拍？
zài nǎ lǐ pāi

去江南拍。
qù jiāng nán pāi

那里贵。
nà lǐ guì

没差多少。
méi chà duō shǎo

一定要在那里拍吗？
yí dìng yào zài nà lǐ pāi ma

一辈子就一次!
yí bèi zi jiù yī cì

知道了。
zhī dào le

钻戒呢？
zuàn jiè ne

等一会儿。
děng yí huìr

웨딩 촬영 하자.
어디에서 하지?
강남에서 해야지.
거기 비싸.
별로 차이 안 나.
꼭 거기서 해야겠어?
평생에 한 번 뿐이야!
알았어.
다이아몬드는?
조금만 기다려 봐.

VOCA

拍 pāi (사진을) 찍다
婚纱照 hūnshāzhào 웨딩 사진
江南 jiāngnán 강남
那里 nàlǐ 거기
差 chà 차이가 나다
一定 yídìng 반드시, 꼭
一辈子 yíbèizi
　　　 한 평생, 일평생
一次 yīcì 한 번
钻戒 zuànjiè 다이아 반지
一会儿 yí huìr 잠깐동안, 잠시

결혼을 선택하지 않는 사람들이 많아요
不婚族, bùhūnzú

한국에서든 중국에서든 불과 20년 전까지만 해도 결혼은 필수였습니다. 그러나 어느덧 사회가 변해 결혼이 선택이 되어버렸고, 이제는 결혼을 하지 않는 사람들을 주변에서 많이 볼 수 있습니다. 한 조사에 따르면 한국 여성의 70%는 결혼 생활이 직장 생활에 전혀 도움이 되지 않는다고 대답했다고 합니다. 왜 이런 상황이 된 것일까요?

예전에는 남녀가 나이가 들면 결혼을 해서 남성은 경제적 책임을 다하고 여성은 살림과 육아를 맡아 가정을 꾸리는 삶을 당연하게 여겼지만, 이제는 여성도 경제 활동을 할 수 있고, 경우에 따라서는 경제 활동을 강요받는 사회가 되었습니다. 직장 생활을 하면서 살림과 육아를 병행하기 어렵다는 고민은 아직까지도 오롯이 여성들만의 숙제로 남아 있습니다. 어쩌면 사회가 같이 고민해야 할 이런 문제를 개인적인 문제로 치부하고 있기 때문에 여성들은 둘 중 하나를 선택할 수밖에 없지 않았을까요?

남성들의 고민도 덜하지 않습니다. '나는 돈 벌어오는 기계'라는 자조는 어제 오늘 얘기가 아닙니다. 아직도 가정의 경제적 책임은 상당 부분 남성에게 있다는 인식이 남아 있어 결혼할 때 전셋집을 장만하지 못하면 '능력 없는 남자'가 되어버리고 맙니다. 어렵게 결혼을 하고 난 뒤에도 직장에서 치열한 경쟁 구도에 묶여 개인적인 생활을 돌보기 어려워 아내와 자녀들에게 소외되기 일쑤지요. 이런 여러 이해관계가 얽혀있기 때문에 아마도 앞으로 싱글족은 더욱 늘어날 것으로 보입니다. 어떤 삶이 옳다고 얘기할 수는 없지만 더불어 사는 삶이 좋다는 데는 모두 동의할 겁니다.

유용한 표현

오늘은 '어디서'라는 표현에 대해 알아봅니다.

在哪里 ~ ? 어디서 ~ ?
zài nǎ li

在哪里吃? 어디서 먹지?
zài nǎ li chī

在哪里喝? 어디서 마시지?
zài nǎ li hē

在哪里见面? 어디서 만나?
zài nǎ li jiàn miàn

'어디서'라는 표현을 중국어로 在哪里(zài nǎ li)라고 합니다.
哪里(nǎ li) 는 '어디, 어느 곳'이라는 의미의 대명사로써
뒤에 따로 吗(ma)를 붙이지 않습니다.

VOCA 기분, 심정
高兴 gāoxìng 기분 좋다, 기쁘다
痛快 tòngkuài 통쾌하다, 시원하다
愉快 yúkuài 유쾌하다, 즐겁다
爽 shuǎng 상쾌하다, 기분이 맑다
活该 huógāi 쌤통이다, 잘됐다
开心 kāixīn 기분 좋다, 기쁘다
心情好 xīnqínghǎo 기분 좋다, 기쁘다
乐观 lèguān 낙관적이다, 좋게 생각하다
不开心 bùkāixīn 기분이 좋지 않다
发怒 fānù 화나다
发火 fāhuǒ 화나다
委屈 wěiqu 억울하다, 할 말이 많다
哭 kū 울다
郁闷 yùmèn 답답하다
忧郁 yōuyù 우울하다
害怕 hàipà 무섭다
紧张 jǐnzhāng 긴장하다

Q 중국 결혼식도 비싼가요?

흔히 우리나라 결혼식 하면 천만 원 정도의 비용을 생각하게 됩니다. 거주 비용을 포함하지 않은, 단순히 식을 올리는데 들어가는 비용이지요. 중국은 이것보다 더 비쌉니다. 중국의 결혼식은 신랑이 리무진 차를 끌고 신부 집으로 가 신부와 신부 가족을 모셔오는 행사에서부터 시작합니다. 이 과정에서 집 앞에서는 총소리로 착각할 수도 있을 만큼의 굉음을 동반한 폭죽을 터뜨리게 되지요. 지역마다 다르겠지만 상하이 같은 경우는 결혼식을 올리는 데 들어가는 비용이 평균 20만 위안, 한화로 약 3천 5백만 원이라고 합니다. 생각보다 매우 비싼 금액이지요. 이 역시 지역마다 차이가 있으니, 중국은 무조건 비싸다고 단정하기에는 무리가 있어 보입니다.

该办婚礼了。

결혼식을 해야겠어.

 6-05.mp3

- **该办婚礼了。**
  gāi bàn hūn lǐ le

- **你不是说考驾照吗?**
  nǐ bú shì shuō kǎo jià zhào ma

- **我不考了。**
  wǒ bù kǎo le

- **你说在哪儿办?**
  nǐ shuō zài nǎr bàn

- **在江南办吧。**
  zài jiāng nán bàn ba

- **又去那里?**
  yòu qù nà lǐ

- **我喜欢江南。**
  wǒ xǐ huan jiāng nán

- **清凉里也不错。**
  qīng liáng lǐ yě bú cuò

- **不行, 一定要在江南办。**
  bù xíng,　yí dìng yào zài jiāng nán bàn

- **你先等一下, 别急。**
  nǐ xiān děng yí xià,　bié jí

- 결혼식을 해야겠어.
- 운전면허 딴다고 하지 않았어?
- 안 볼래.
- 어디서 하지?
- 강남에서 하자.
- 또 거기야?
- 난 강남이 좋아.
- 청량리도 괜찮은데.
- 싫어, 무조건 강남에서 할 거야.
- 일단 기다려 봐, 서두르지 말자고.

VOCA

该 gāi ~해야 한다
婚礼 hūnlǐ 결혼식
考驾照 kǎojiàzhào 운전면허 시험을 보다
清凉里 qīngliánglǐ 청량리
不错 búcuò 나쁘지 않다, 괜찮다
不行 bùxíng 안 된다
急 jí 서두르다, 조급해 하다

뷔페식 식사가 아니에요

点菜, diǎncài

우리나라 결혼식을 떠올리면 자유로운 뷔페식 식사를 생각하게 되지만 중국은 다릅니다. 결혼식 때 실제로 먹을 음식을 주문합니다. 주문을 그날 당일에 하는 것이 아니라, 신랑 신부 측에서 한 달 전에 미리 예식장에 가서 결혼식 날 상에 올릴 음식을 정하게 됩니다. 결혼식 때는 보통 테이블당 7000위안(한화 약 130만 원) 정도를 투자를 하게 됩니다. 한 테이블 당 10명씩 앉으며, 중국은 원탁 테이블을 기본으로 합니다. 하객도 아무데나 앉아서 밥을 먹는 것이 아니라 신랑 신부 측에서 미리 지정한 위치에 가서 앉아야 합니다. 마치 연예인이 시상식에 초대받은 것처럼 말입니다. 일반적으로 친한 사람, 안목이 있는 사람끼리 같은 테이블에 자리를 배정해 주는데, 하객의 자리를 지정해주는 것 또한 신랑 신부가 해야 할 중요한 일입니다.

유용한 표현

오늘은 '어떻게'라는 뜻을 가진 의문대명사 怎么(zěnme)에 대해 배워봅니다.

怎么 + 동사 어떻게 ~ 하지?
zěn me

怎么吃? (이 음식) 어떻게 먹어?
zěn me chī

怎么喝? (이 술) 어떻게 마셔?
zěn me hē

怎么走? 어느 쪽으로 가지?
zěn me zǒu

怎么(zěnme)는 '어떻게'라는 뜻을 가진 단어입니다.
근본적으로, 방법에 관해 논할 때 사용한다고 보면
되겠습니다. 이 밖에도 '怎么办?(어떻게 하지?)'
'怎么回事儿?(어떻게 된 거야?)' 등으로 다양하게 응용됩니다.
한편 '怎么走?(어떻게 갑니까?)'는 동서남북 방향을 물어보는
것이고, '怎么去?(어떻게 갑니까?)'는 목적지까지의 교통수단을
물어보는 것이라는 것도 참고하세요.

VOCA 성격	
完美主义	wánměizhǔyì 완벽주의자
诚实	chéngshí 성실하다
勇敢	yǒnggǎn 용감하다
浪漫	làngmàn 낭만적이다
活泼	huópō 활달하다
开朗	kāilǎng 밝다
保守	bǎoshǒu 보수적이다
小气	xiǎoqi 짠돌이, 구두쇠
大方	dàfāng 통이 크다, 씀씀이가 크다
双重性格	shuāngchóngxinggé 이중인격자
内向	nèixiàng 내향적이다
外向	wàixiàng 외향적이다
犹豫不决	yóuyùbùjué 우유부단하다

중국이 궁금해요!

Q 중국도 폭죽을 터뜨리나요?

중국에 오래 거주하신 분이라면 아침에 일어났는데 총소리 비슷한 굉음을 들어본 적이 있을 것입니다. 특히 설이나 명절, 좋은 날에 말입니다. 소리가 너무나도 커서 이게 무슨 일인가 자신도 모르게 긴장하게 됩니다. 결혼식 때 역시 예외가 아니겠지요. 폭죽의 소리가 한국과는 비교할 수 없을 정도로 커서 저도 처음 들었을 때에는 전쟁이 난 것 아닌지 순간적으로 생각했습니다. 소리도 소리지만, 소리 뒤에 뿜어 나오는 하얀 연기는 정말이지 전시 상황을 방불케 합니다. 일부 도시에서는 제한하고 있지만, 폭죽은 이미 오래전에 자리 잡은 중국의 관습입니다. 연초에 터뜨리는 폭죽이 한 해 동안 엄청난 재물을 얻게 해준다고 생각하여, 일부러라도 많은 돈을 투자하여 폭죽을 구매합니다. 우리와는 또 다른 중국의 모습입니다.

我们住哪儿呢?
우리 어디 살지?

 6-06.mp3

我们住哪儿呢?
wǒ men zhù nǎr ne

首尔怎么样?
shǒu ěr zěn me yàng

人太多。
rén tài duō

那, 你想住哪儿?
nà nǐ xiǎng zhù nǎr

去首尔附近吧。
qù shǒu ěr fù jìn ba

哪里?
nǎ lǐ

南杨州怎么样?
nán yáng zhōu zěn me yàng

那里好吗?
nà lǐ hǎo ma

人少空气好。
rén shǎo kōng qì hǎo

- 우리 어디 살지?
- 서울 어때?
- 사람이 너무 많아.
- 그럼 어디 살고 싶은데?
- 서울 근처로 가자.
- 어디?
- 남양주 어때?
- 거기 좋아?
- 사람이 적고 공기가
  좋지.

가정집에 난방시설이 없어요
地暖, dì nuǎn

중국 가정집의 대부분은 아직까지 난방시설이 없다고 보시면 됩니다. 제가 유학할 당시 자취를 한 적이 있었는데, 겨울에 외투 다섯 벌을 껴입고 자기도 했습니다. 외투 다섯 벌을 껴입으니 팔조차 움직일 수가 없었습니다. 온풍기를 켜 놓는다고는 하지만, 겨울의 밤을 감당하기에는 매우 벅찼던 기억이 납니다. 코리아타운이나 고급 아파트에 산다면 이야기가 달라지지만, 일반 중국 현지 지역에 산다면 난방은 기대하기 어렵습니다. 대신 온풍기와 전기장판, 따듯한 물로 겨울을 나야할 것입니다. 중국에 거주하게 된다면 그 지역의 날씨가 어떤지, 난방시설이 있는지, 없다면 어떤 대비를 해야 하는지 생각해 봐야 할 것입니다. 난방시설 없이 겨울을 난다는 것은 매우 고통스러운 일일 것입니다.

유용한 표현

오늘은 怎么样(zěnmeyàng)이라는 표현에 대해 배워보겠습니다.

시간명사 + **怎么样?** 그때 어때?
zěn me yàng

明天怎么样? 내일 어때?
míng tiān zěn me yàng

后天怎么样? 모레 어때?
hòu tiān zěn me yàng

下个星期怎么样? 다음 주 어때?
xià ge xīng qī zěn me yàng

怎么样(zěnmeyàng) 은 주로 시간명사 뒤에 와서 상대방에게 가능한지, 그때 괜찮은지 물어보는 표현입니다.
약속을 잡을 때 자주 쓰는 표현으로 '내일 어때' '모레 어때' 등으로 물어볼 수 있습니다.
한편, '怎么样' 대신 '好不好(hǎo bu hǎo)'를 써서 물어보기도 하는데 둘 다 자주 쓰는 표현이니 익혀두기 바랍니다.
물음에 대한 답으로는 '好(hǎo)' '可以(kě yǐ)' 등으로 대답할 수 있으며, 시간이 없을 경우 '没时间(méi shí jiān)' '不行(bù xíng)' 등으로 말할 수 있습니다.

VOCA 한국의 지역 이름		
首尔	shǒuěr	서울
京畿道	jīngjīdào	경기도
江源道	jiāngyuándào	강원도
济州岛	jìzhōudǎo	제주도
东大门	dōngdàmén	동대문
蚕室	cánshì	잠실
江南	jiāngnán	강남
钟路	zhōnglù	종로
清凉里	qīngliánglǐ	청량리
九里	jiǔlǐ	구리
南杨州	nányángzhōu	남양주
德沼	dézhǎo	덕소
水源	shuǐyuán	수원
盆塘	péntáng	분당
釜山	fǔshān	부산
丽水	lìshuǐ	여수
木浦	mùpǔ	목포
论山	lùnshān	논산
全州	quánzhōu	전주
清州	qīngzhōu	청주
江陵	jiānglíng	강릉
东海	dōnghǎi	동해

Q 한자가 너무 어려워서 중국어를 포기하고 싶어요.
방법이 없을까요?

회화에 초점을 맞추시면 됩니다. 즉, 한자를 생각하지 않고 병음(중국어의 발음 기호) 학습에 집중하는 것입니다. 서양 국가 대부분이 한자 문화권이 아니라 서양 사람들은 한자에 익숙하지 않습니다. 그래서 알파벳과 비슷하게 생긴 병음만 열심히 공부합니다. 병음만 마스터해도 얼마든지 회화가 가능하기 때문입니다. 제가 만났던 미국인들도 한자에는 약하지만 회화를 굉장히 잘하더군요. 꼭 한자를 잘해야 중국어를 잘하는 것이 아닙니다. 한자가 정 어려우면, 일단 한자는 놔두고 병음부터 먼저 학습하는 방법이 있습니다. 사성과 병음만 잘해도 중국어 회화의 달인이 될 수 있습니다.

去度蜜月吧!
신혼여행 가자!

 6-07.mp3

○ **去度蜜月吧!**
qù dù mì yuè ba

○ **能不能明年去?**
néng bu néng míng nián qù

○ **今年一定要去!**
jīn nián yí dìng yào qù

○ **你想去哪儿?**
nǐ xiǎng qù nǎr

○ **加拿大。**
jiā ná dà

○ **我去过了。**
wǒ qù guò le

○ **那, 夏威夷?**
nà,　xià wēi yí

○ **你来买单吗?**
nǐ lái mǎi dān ma

○ **当然你买啊!**
dāng rán nǐ mǎi a

● 신혼여행 가자!
● 내년에 가면 안 될까?
● 올해엔 꼭 가야돼!
● 어디 가고 싶은데?
● 캐나다.
● 난 가봤어.
● 그럼, 하와이?
● 너가 사는 거야?
● 당연히 니가 내야지!

중국 항공사도 괜찮아요

航空公司, háng kōng gōng sī

우리나라에 저가 항공사가 많아지면서 이제 더욱 저렴한 비용으로 여행을 갈 수 있게 되었습니다. 중국에도 저가 항공사가 있는데요. 예전에 아내와 함께 상하이에서 홍콩까지 3시간 비행 거리를 한화 단돈 5만 원으로 간 적이 있었습니다. 물론 식사 제공도 되지 않았고, 좌석 사이 간격이 매우 좁아 불편했지만 말입니다. 중국의 많은 항공사에서 20kg 수하물 2개까지 위탁수하물로 허용하고 있으니, 짐이 많은 유학생이나 주재원 분들께서는 참고하시면 좋겠습니다. 얼마 전에는 한국에서 상하이까지 왕복 티켓을 한화 20만 원에 구입한 적도 있습니다. 제가 생각해도 많이 저렴한 금액인데, 중국 항공사도 잘만 찾아보면 매우 유용하게 이용할 수 있습니다.

유용한 표현

오늘 배울 표현은 '무슨 일이야? 어떻게 된 거야?' 입니다.

명사 + **怎么了?**　무슨 일이야? 어떻게 된 거야?
zěn me le

空气怎么了?　공기가 왜이래?
kōng qì zěn me le

你怎么了?　(어디 아픈 것 같은데) 너 괜찮아?
nǐ zěn me le

他怎么了?　(갑자기 안 하던 행동을 하네) 걔 왜 그래?
tā zěn me le

怎么了(zěnmele)는 '무슨 일이야' '어떻게 된 거야'라는 뜻을
가진 단어입니다. 주로 상황을 물어볼 때 쓰이며,
앞에 명사나 인칭대명사가 옵니다. 또한 회화체에서 사춘기
청소년들이 부모님께 반항할 때에도 많이 쓰이는데
그럴 때에는 '그게 뭐 어쨌다고' '그래서 뭐 어쩌라고'라는
뜻이 됩니다. 怎么了는 단독으로 쓰이기도 하며,
문장 끝에 쓰이기도 합니다. 쓰이는 용도가 많은 표현이니,
그때그때 보면서 익히기 바랍니다.

VOCA 국가 이름	
韩国 hánguó	한국
中国 zhōngguó	중국
日本 rìběn	일본
美国 měiguó	미국
英国 yīngguó	영국
法国 fǎguó	프랑스
西班牙 xībānyá	스페인
意大利 yìdàli	이탈리아
葡萄牙 pútaoyá	포르투갈
墨西哥 mòxīgē	멕시코
德国 déguó	독일
丹麦 dānmài	덴마크
荷兰 hélán	네덜란드
新西兰 xīnxīlán	뉴질랜드
新加坡 xīnjiāpō	싱가포르
泰国 tàiguó	태국
印度 yìndù	인도
马来西亚 mǎláixīyà	말레이시아
菲律宾 fēilǜbīn	필리핀
印度尼西亚 yìndùníxīyà	인도네시아

Q 여성의 지위가 매우 높다고 들었습니다. 사실인가요?

지역마다 다릅니다. 하지만 남쪽 지역은 대체적으로 여자의 지위가 높은 편입니다. 여자의 지위가 높기로 소문난 도시는 상하이가 단연코 1위인데요. 집안이 잘사는 이유를 여자의 지위가 높기 때문이라고 보는 사람들도 많습니다. 한 연구에 따르면, 여자가 남자보다 더 현명한 판단을 할 수 있다고 합니다. 가화만사성(家和万事兴, jiāhéwànshìxìng)이라고, 여자의 지위가 높아서 나쁠 것은 없는 것 같습니다. 상하이 같은 경우 맞벌이 부부가 많으며, 대부분 퇴근 후 남자가 집안일을 하는데요. 요리 역시 남자가 담당하는 경우가 많습니다. 우리나라에는 여자 목소리가 더 큰 집이 많지 않지만, 중국에서는 이야기가 달라집니다. 상하이 같은 경우는 경제권을 여자가 가지고 있는 경우가 많습니다. 그리고 여자가 사실상 집안의 가장 역할을 하기도 합니다.

明年生宝宝。

아기는 내년에 낳자.

🎧 6-08.mp3

○ **明年生宝宝吧。**
míng nián shēng bǎo bao ba

○ **那么早？**
nà me zǎo

○ **我的朋友都当妈妈了。**
wǒ de péng you dōu dāng mā ma le

○ **我今年才二十八岁。**
wǒ jīn nián cái èr shí bá suì

○ **二十八怎么了？**
èr shí bá zěn me le

○ **我还没做好心理准备。**
wǒ hái méi zuò hǎo xīnlǐ zhǔn bèi

○ **不管，我要宝宝。**
bù guǎn,   wǒ yào bǎo bao

○ **等一会儿！**
děng yí huìr

○ **等到什么时候？**
děng dào shén me shí hou

○ **顺其自然吧！**
shùn qí zì rán ba

● 아기는 내년에 낳자.
● 그렇게 빨리?
● 내 친구들은 이미 다 엄마야.
● 나 올해 고작 28살 이라니까.
● 28살이 왜?
● 아직 마음의 준비를 못했어.
● 몰라, 난 아기를 원해.
● 기다려 봐!
● 언제까지 기다려야 돼?
● 하늘의 뜻대로 하자고!

VOCA

生 shēng 출산하다, 낳다
宝宝 bǎobao 아기
都 dōu 모두, 다
当 dāng ～의 임무를 맡다, 감당하다
才 cái 고작, 겨우
岁 suì 세
心理准备 xīnlǐzhǔnbèi 마음의 준비를 하다
不管 bùguǎn 관계없다, 상관없다
顺其自然 shùnqízìrán 순리를 따르다

명절에는 나가서 먹어요

过年, guò nián

설이나 명절에 우리는 집에서 음식을 하는 경우가 많습니다. 하지만, 중국은 밖에 나가서 먹는 경우가 많습니다. 지역마다 다르겠지만, 제 경험상 설 연휴 때 이틀 연속 삼시 세끼를 밖에서 먹은 적도 있습니다. 말은 쉽지만, 삼시 세끼를 밖에서 먹는다는 것은 엄청난 괴로움일 수도 있습니다. 게다가 설 연휴이기 때문에 매끼 주문하는 음식도 많습니다. 쉽게 말해서, 삼시 세끼를 모두 뷔페에 가서 식사를 한다고 생각하면 되겠습니다. 새로운 해와 명절을 축하하기 위해 일부러라도 이렇게 먹는 것인데, 이런 문화를 처음 접하는 외국인이라면 굉장히 당혹스러울 수 있습니다. 중국은 둥근 탁자에 둥그렇게 둘러앉아서 먹는 것이 일반적이며, 무한 리필 식사를 하기보다는 하나하나 음식을 시켜서 먹습니다. 또한 우리처럼 모자란 반찬을 더 주거나 하지도 않습니다.

오늘은 '기다림'에 관한 표현을 배우겠습니다. 인생을 흔히 기다림에 많이 비유를 하는데요. 보통 사람이 사람을 기다리는 경우가 많지요. 어떻게 표현하는지 봅니다.

我等了你 ~ 내가 너를 ~만큼 기다렸다고
wǒ děng le nǐ

我等了你两年了。 내가 너 2년을 기다렸다고.
wǒ děng le nǐ liǎng nián le

我等了你半天了。 내가 널 하루 종일 기다렸어.
wǒ děng le nǐ bàn tiān le

我等了你一辈子了。 내가 널 한평생 기다렸어.
wǒ děng le nǐ yí bèi zi le

等(děng)을 '기다릴 등'이라고 외우면 됩니다.
기다림과 관련하여 '等待(děngdài)' '等一等(děngyiděng)'
'等一下(děngyíxià)' 등의 표현도 많이 쓰입니다.
기다림에 관한 멋진 표현들 많이 익혀서 써보시길 바랍니다.
아울러 '오랫동안, 하루 종일'이라는 표현으로 '半天(bàn tiān)'
이 있다는 것도 기억해 주세요.

VOCA 색상	
颜色 yánsè	색, 색상
红色 hóngsè	빨간색
橘黄色 júhuángsè	주황색
黄色 huángsè	노란색
绿色 lǜsè	초록색
蓝色 lánsè	파란색
深蓝色 shēnlánsè	남색
紫色 zǐsè	보라색
白色 báisè	흰색
黑色 hēisè	검은색
咖啡色 kāfēisè	커피색
金色 jīnsè	금색
灰色 huīsè	회색
粉红色 fěnhóngsè	분홍색
栗色 lìsè	밤색
透明色 tòumíngsè	투명색

중국이 궁금해요!

Q 중국은 아이를 보통 몇이나 낳나요?

우리가 한창 아이를 2명씩 낳은 80~90년대에, 중국은 1명의 아이만을 낳았습니다. 인구 포화 상태로 인하여 대도시에서는 인구 조절 정책을 실시하였고, 그 일환으로 '한 가정 한 아이' 정책을 폈습니다. 두 번째 아이를 낳으면, 막대한 벌금을 물어야 하며 여러 가지 불이익이 있었습니다. 그래서 지금의 20~30대의 중국인들은 외동아들, 외동딸인 경우가 많습니다. 형제가 없고 '아빠, 엄마, 그리고 나' 이렇게 간단한 가족구성원을 이룬 것이지요. 그만큼 또 귀하게 자랐습니다. 농촌은 몰라도 대부분의 도시에서 이렇게 한 아이만을 낳았습니다. 요즘은 또 이야기가 달라집니다. 비싼 집값과 결혼 비용에 신음하면서 아이를 낳지 않는 젊은이들이 늘어나고 있습니다. 그래서 많은 도시에서 인구 제한 정책을 폐지한 상태이고, 지금은 두 명을 낳아도 무리가 되지 않는 곳이 많습니다.

이 단어만 알면 나도 회화한다!

001
你
nǐ 명 너

002
我
wǒ 명 나

003
他
tā 명 그 애

004
你们
nǐmen 명 너희들

005
我们
wǒmen 명 우리들

006
他们
tāmen 명 걔네들

007
今天
jīntiān 명 오늘

008
明天
míngtiān [명] 내일

009
后天
hòutiān [명] 모레

010
昨天
zuótiān [명] 어제

011
前天
qiántiān [명] 그저께

012
敢
gǎn [조동] 감히 ~ 할 수 있다

013
可能
kěnéng [조동] ~할 수 있다

014
能
néng [조동] ~할 수 있다

015
会
huì [조동] ~할 수 있다

016
可以
kěyǐ [조동] ~할 수 있다

应该

yīnggāi [조동] ~해야 한다

得

děi [조동] ~해야 한다

想

xiǎng [조동] ~하고 싶다

要

yào [조동] ~하고 싶다

需要

xūyào [조동] ~해야 한다

愿意

yuànyì [조동] ~하고 싶다

吃

chī [동] 먹다

喝

hē [동] 마시다

025
玩
wán 동 놀다

026
乐
lè 동 즐기다

027
看
kàn 동 보다

028
听
tīng 동 듣다

029
买
mǎi 동 사다

030
卖
mài 동 팔다

031
做
zuò 동 하다

032
给
gěi 동 주다

033

送
sòng 동 보내다

034

借
jiè 동 빌리다

035

租
zū 동 빌리다

036

还
huán 동 돌려주다

037

问
wèn 동 묻다

038

叫
jiào 동 ~라고 부르다

039

觉得
juéde 동 여기다

040

感觉
gǎnjué 동 느끼다

041
冷
lěng 형 춥다

042
热
rè 형 덥다

043
漂亮
piàoliang 형 예쁘다

044
帅
shuài 형 잘생기다

045
忙
máng 형 바쁘다

046
快
kuài 형 빠르다

047
慢
màn 형 느리다

048
容易
róngyì 형 쉽다

难

nán 형 어렵다

轻

qīng 형 가볍다

重

zhòng 형 무겁다

高

gāo 형 크다, 높다

矮

ǎi 형 작다, 낮다

多

duō 형 많다

少

shǎo 형 적다

小气

xiǎoqi 형 (씀씀이가) 인색하다

057

大方

dàfāng 형 (씀씀이가) 크다

058

干净

gānjìng 형 깨끗하다

059

脏

zāng 형 더럽다

060

好

hǎo 형 좋다

061

坏

huài 형 나쁘다

062

早

zǎo 형 이르다

063

晚

wǎn 형 늦다

064

完

wán 형 끝나다, 완성하다

热情
rèqíng (형) 따뜻하게 대해주다

热闹
rènao (형) 번화하다

美丽
měilì (형) 아름답다

高兴
gāoxìng (형) 기쁘다

都
dōu (부) 모두

刚才
gāngcái (부) 방금

又
yòu (부) 또

再
zài (부) 다시

073
已经
yǐjīng 부 이미

074
正在
zhèngzài 부 ~하는 중이다

075
最
zuì 부 가장

076
比较
bǐjiào 부 ~와 비교하여

077
非常
fēicháng 부 아주

078
很
hěn 부 매우

079
太
tài 부 매우

080
挺
tǐng 부 매우

081

十分
shífēn 〔형〕아주

082

更
gèng 〔형〕더욱

083

蛮
mán 〔형〕매우

084

真
zhēn 〔형〕정말로

085

也
yě 〔부〕역시

086

经常
jīngcháng 〔부〕자주

087

常常
chángcháng 〔부〕자주

088

不
bù 〔부〕그렇지 않다

089
没
méi 부 아니다

090
突然
tūrán 부 갑자기

091
一起
yìqǐ 부 함께

092
在
zài 전 ~에서

093
跟
gēn 전 ~와 같이

094
和
hé 전 ~와 같이

095
被
bèi 전 ~를 당하다

096
为了
wèile 전 ~하기 위하여

097

从
cóng 전 ~로 부터

098

了
le 조 했다

099

着
zhe 조 ~하는 중이다

100

过
guò 조 ~한 적이 있다

▶ 명 명사　조동 조동사　동 동사　형 형용사　부 부사　전 전치사　조 조사

········ **상하이, 여기는 꼭 가봐야 해!**

01

징안사

静安寺, Jingan Temple

상하이의 한복판, 지하철 2호선과 7호선의 교차점에 위치한 절인 징안사는 상하이의 고풍스러움과 우아함을 직접적으로 느낄 수 있는 공간입니다. '闹中取静(복잡한 도심에서 휴식을 취하다)'라는 말이 떠오르는 이곳은 조용하고 편안한 시간을 보내기에 제격입니다. 바로 맞은편에 징안 공원(静安公园)이 위치하고 있어, 도시의 한복판이라고는 믿기지 않는 안락함을 선물해 줍니다. 더욱이 남쪽으로 이어진 화샨루(华山路)의 이국적인 거리는 고풍스러운 산책로로 사랑받고 있습니다.

02

루지아주이

陆家嘴, Lu Jia Zui

상하이의 상징인 동방명주(东方明珠)로 유명한 루지아주이는 황푸강(黄浦江) 동쪽에 위치하고 있습니다. 지하철 2호선이 지나고 있고, 상하이에서 가장 높은 빌딩인 상하이 타워(上海中心大厦; 632m, 118층)가 위치한 곳이기도 합니다. 이곳에서 황푸강 서쪽으로 가려면 지하철이 가장 편리한데, 이유는 차나 택시로 가려면 한참을 돌아서 가야 하기 때문입니다. 택시를 타고 주변을 돌아본다면 상하이의 모습을 한눈에 볼 수 있습니다.

03

와이탄

外滩, The Bund of Shanghai

상하이 야경 관람의 중심지인 와이탄은 주말 저녁이면 사람들로 발 디딜 틈이 없습니다. 난징루 보행거리(南京路步行街)부터 이어진 와이탄은 황푸강(黄浦江)을 중심으로 서쪽에 위치하여 있습니다. 이곳에서 맞은편에 위치한 거대한 빌딩들을 감상할 수 있는데, 그 경관이 홍콩의 야경과 매우 흡사합니다. 주말에는 사진 한 장 찍기도 힘들 정도로 사람들이 많이 몰리니 되도록 평일에 가보도록 하세요.

04

엑스포 중국관

世博中国馆, Expo Zhong guo guan

2010년 상하이 엑스포의 상징인 중국관은 2010년 엑스포 개막 이후 지금까지도 개방되고 있습니다. 7, 8호선을 이용하여 갈 수 있는 중국관은 상하이엑스포(上海世博会)의 상징인 만큼 거대한 규모와 작품 수를 자랑합니다. 현재 무료로 개방되고 있으며 아침 일찍 가면 여유롭게 작품을 감상할 수 있습니다. 작품 수가 워낙 많아서 천천히 둘러보기에는 하루가 부족할 정도입니다.

05

신톈디

新天地, Xin Tian Di

이국적인 거리로 유명한 신톈디는 10호선 신톈디역에 위치하고 있습니다. 거리 자체가 워낙 이국적이어서 한국인을 비롯한 많은 외국인들이 자주 찾는 곳입니다. 이곳이 한국인에게 더욱 특별하게 느껴지는 이유는 바로 일제강점기 시절 아픔의 흔적인 대한민국 임시정부(大韓民国临时政府)의 발자취가 남아있기 때문입니다. 신톈디역에서 도보로 5분 거리에 위치한 이곳은 상하이 여행을 더욱 특별하게 만들어 줄 것입니다.

06

인민광장

人民广场, People's Square of Shanghai

지하철 1호선, 2호선, 8호선이 교차하는 인민광장은 사람들의 만남의 장소로 유명합니다. 인민공원(人民公园) 내에 위치하고 있는 인민광장은 사시사철 연인들이 사랑을 속삭이는 장소로 자리 잡았습니다. 근처에 상하이 박물관(上海博物馆)과 위위안(豫园)이 있으며, 와이탄(外滩)과도 그리 멀지 않은 거리에 있습니다.

헝샨루

衡山路, Heng Shan Road

상하이 국제 예배당으로 유명한 헝샨루는 산책하기에 부족함이 없는 거리입니다. 1925년 완공된 상하이 국제 예배당은 90년이 넘는 역사를 자랑하는데, 주말이면 예배를 드리러 온 외국인으로 가득합니다. 더욱이 이 거리에는 각종 '바(吧)'가 위치해 있어, 맥주 한잔 마시고 싶은 외국인들에게 큰 인기를 얻고 있습니다. 아기자기한 가게들이 많으며, 근처에 쥐루루(巨鹿路)와 창러루(长乐路)가 위치하여 있습니다.

상하이 디즈니랜드

上海迪士尼乐园,
Shanghai Disney Resort

캘리포니아, 플로리다, 파리, 도쿄, 홍콩에 이어 세계 여섯 번째가 될 상하이 디즈니랜드는 올 6월 16일에 개장했습니다. 규모는 세계 3위, 아시아 1위를 자랑합니다. 지하철 11호선을 이용하여 갈 수 있으며, 상하이 디즈니랜드의 개장은 2010년 상하이 엑스포에 이어 또 한 번 세계를 놀라게 했습니다.

09

쉬자후이

徐家汇, Xu Jia Hui

징안사의 남쪽에 위치한 쉬자후이는 거대한 전자상가입니다. 서쪽으로는 일본인 마을인 구베이(古北)가 있고, 북쪽에는 징안사(静安寺), 남쪽에는 상하이 체육관(上海体育馆)이 위치하고 있습니다. 지하철 1, 9, 11호선의 교차지점이기도 하며, 시내로 나가는 길목이기에 항상 차가 막힙니다. 북쪽으로 조금만 걸어가면, 헝샨루(衡山路)가 위치하고 있어 산책하기에도 좋습니다.

10

홍췐루

虹泉路, Hong Quan Road

홍췐루는 상하이 남서쪽에 위치한 거리로 일명 코리아타운으로 알려져 있습니다. 9호선 허촨루(合川路)역과 10호선 롱바이신춘(龙柏新村)역에서 걸어갈 수 있으며, 각각 15분 정도 걸립니다. 이 곳에는 한국식 사우나를 비롯한 한국음식점들이 즐비하게 들어서 있습니다. 맛은 한국보다 덜 할 수 있으나, 한국을 생각하는 한인들에게 큰 위로가 되어주고 있습니다.